Alexander von Gontard
Bettnässen

Alexander von Gontard

Bettnässen –

Verstehen und behandeln

Walter Verlag

Die Deutsche Bibliothek – CIP-Einheitsaufnahme

Gontard, Alexander von:
Bettnässen: verstehen und behandeln / Alexander von Gontard. – Düsseldorf :
Walter, 2001
ISBN 3-530-40119-6

© 2001 Patmos Verlag GmbH & Co. KG
Walter Verlag, Düsseldorf und Zürich
Alle Rechte, einschließlich derjenigen des auszugsweisen Abdrucks
sowie der fotomechanischen und elektronischen Wiedergabe, vorbehalten.
Umschlaggestaltung: Groothuis & Consorten, Hamburg
Illustrationen: Regina Solf
Satz: Greiner & Reichel, Köln
Druck und Bindung: Grafo s. a., E-Basauri
ISBN 3-530-40119-6

Inhalt

Einleitung   7

1. Was ist Bettnässen?   14

2. Normale Blasenfunktion und
   Sauberkeitsentwicklung   20

3. Die verschiedenen Varianten und
   Erscheinungsformen des Bettnässens   32
3.1. Das reine (isolierte) Bettnässen   32
3.2. Primäres und sekundäres Bettnässen –
   noch nie trocken und zwischendurch trocken   35
3.3. Nicht-isoliertes Bettnässen und kombiniertes Einnässen
   tags und nachts – komplizierte Verlaufsformen   40

4. Häufigkeit, Ursachen des Bettnässens
   und die Rolle der Psyche   65
4.1. Wie häufig ist Bettnässen?   65
4.2. Wie entsteht das reine (isolierte) Bettnässen?   71
4.3. Wann und wie häufig zeigen bettnässende Kinder
   Verhaltensauffälligkeiten?   87

5. Der familiäre Umgang mit dem Problem Bettnässen   99
5.1. Wie sehen Erwachsene rückblickend
   ihr Einnässen als Kind?   99
5.2. Wie sehen Eltern das Problem des Bettnässens?   107
5.3. Wie sehen Kinder das Problem des Bettnässens?   118

6. Diagnose und therapeutische Maßnahmen   126
6.1. Was sollte untersucht werden?   128
6.2. Was sollten Eltern *nicht* tun?   131
6.3. Wie können Eltern ihrem Kind helfen?   137
6.4. Die gängigsten Behandlungsmethoden   140
6.4.1. Behandlung mit einem Klingelgerät –
   die wirksamste Möglichkeit   140
6.4.2. Zusätzliche Methoden zur Verstärkung
   des Klingelgerätes   153

6.4.3. Behandlung mit Medikamenten 157

6.4.4. Psychotherapie 162

7. Schlußbemerkung 170

Anmerkungen 171

Deutschsprachige Literatur 173

Anhang 175

Einleitung

Das nächtliche Einnässen (Bettnässen) gehört zu den häufigsten Störungen des Kindesalters und ist mit einem hohen Leidensdruck für Kinder und Eltern verbunden sowie immer noch mit vielen Vorurteilen behaftet. Die allerbeste Einführung in die Thematik bietet ein konkretes Beispiel eines Kindes. Dabei wird am deutlichsten, welche Sorgen Eltern eines bettnässenden Kindes haben und wie ihnen und ihrem Kind geholfen werden kann. Ein typischer Fall, wie er jede Woche in der Spezialsprechstunde für einnässende Kinder an unserer Klinik vorkommt, könnte so aussehen:

Dominik, ein 9jähriger, etwas pummeliger Drittkläßler, kommt mit seiner Mutter in unsere Sprechstunde. Beide wirken sehr angespannt. Auf die Frage hin, ob er wisse, warum er heute hier sei, zuckt er mit den Schultern, schaut auf den Boden und sagt kein Wort. Auch die Frage, ob er sich vorstellen könne, was wir heute hier vorhaben, beantwortet er nicht. Als ich ihn beruhige, daß wir überwiegend reden werden, daß alle Untersuchungen nicht schmerzhaft sind und daß es darum geht, ihm zu helfen, nimmt er zum ersten Mal Blickkontakt auf – etwas ungläubig, so als ob er inzwischen aufgegeben habe, daß sich wirklich etwas an seiner Situation verändern könne.

Ich frage ihn jetzt noch mal vorsichtig, ob er mir jetzt sagen könne, worum es bei ihm geht – wieder ein Verstummen. Ich schlage ihm vor, daß er nur mit ja oder nein antworten könne. «Geht es darum, daß du tags in die Hose machst oder nur nachts ins Bett?» Voller Erleichterung antwortet er zum ersten Mal, daß es bei ihm nur nachts vorkomme. «Jede Nacht, oder gibt es auch trockene Nächte?» Mit beginnender Erleichterung schildert er, daß immer wieder Nächte vorkommen, nach denen das Bett trocken bleibt. Das sei ganz «super», während das nasse Bett «blöd» sei.

Die Mutter schildert jetzt, wie unglücklich er sei, zum Teil ärgere er sich, zum Teil wirke er resigniert. Nur bei seinem besten Freund, der über das Problem wisse, traue er sich zu übernachten. Besondere Angst bereite ihm der Klassenausflug am Ende des Jahres. Eigentlich wolle er gar nicht mehr mitfahren, habe sich schon überlegt, einen Wecker mitzunehmen und jede Stunde aufzustehen. Auf jeden Fall wolle er keine

Windeln mitnehmen, denn wenn andere Kinder ihn damit sehen würden, würden sie ihn nur ärgern. Auch mit seiner Lehrerin solle sie nicht reden, da er nicht möchte, daß sie etwas davon erfährt. Andererseits seien ja solche Klassenausflüge eine solch wichtige Erfahrung, es wäre schade, wenn er so etwas verpassen würde!

Während Dominik inzwischen mit den Malstiften zeichnet, erzählt die Mutter weitere wichtige Details. Deutlich entspannter hört er zu, um immer wieder Einzelheiten beizutragen. Dominik sei noch nie trocken gewesen, die längste Zeit seien zehn Tage hintereinander gewesen. Zur Zeit näßt er im Durchschnitt fünf bis sechs Nächte ein, ohne daß irgendein Zusammenhang mit anderen Ereignissen ersichtlich sei. Er schlafe so tief, daß sie ihn auch mit Rütteln und Schütteln kaum wach bekomme. So bekomme er auch während der Nacht nicht mit, wenn er eingenäßt habe. Das Bett sei immer triefend-, klitschnaß – sie wundere sich, woher die ganze Flüssigkeit komme. Dominik wirft ein, daß das Bett morgens beim Aufwachen ekelig kalt und ungemütlich sei. Er helfe ihr ohne Murren beim Bettabziehen, nur das Duschen jeden Morgen fände er blöd.

Tagsüber geht er regelmäßig, circa sieben Mal pro Tag, auf die Toilette, auch in der Schule, obwohl die Toiletten oft verschmiert seien. Beim Wasserlassen habe er keine Probleme, der Urin komme sofort ohne Pressen in einem Strahl. Auch habe er regelmäßig Stuhlgang. Bisher habe er keine Blasenentzündungen gehabt, auch sei er insgesamt wenig krank gewesen.

In der Schule läuft es einigermaßen gut, obwohl er sich leicht ablenken lasse und oft nicht bei der Sache sei. Er spiele mit Begeisterung Fußball, habe aber nur einen guten Freund. Zuhause kommen sie eigentlich ganz gut zurecht.

Auf die Frage, was sie bisher alles wegen des Einnässens unternommen habe, holt die Mutter weit aus und man hat den Eindruck, daß Dominik gegen seine Tränen ankämpfen muß. Die Mutter schildert, daß Dominik ihr erstes Kind sei, erwünscht, aber zu dem Zeitpunkt noch nicht ganz geplant. Da sie nicht gleich aus ihrem Beruf aussteigen wollte, sie im Haus der Schwiegereltern wohnten und er dort gut versorgt gewesen sei, habe sie mit der Arbeit halbtags begonnen, als er sechs Monate alt gewesen sei. Als er mit zwei Jahren tagsüber trocken *geworden sei, sei sie überzeugt gewesen, daß es nachts auch bald soweit sein würde. Die erste große Enttäuschung war, als er in den Kindergarten kam und immer noch nachts ins Bett gemacht habe. Ihre Schwiegermutter habe ihr gesagt, daß es «so etwas» bei ihr nicht gegeben habe. Alle ihre Kinder seien früh trocken geworden und geblieben. Einerseits arbeiten wollen und andererseits den Jungen verhätscheln und verwöhnen – sie brauche sich nicht zu wundern, daß es soweit komme!*

Inzwischen ist auch sie überzeugt, daß sie Dominik anders anpakken müsse – mit neun Jahren müsse das doch nicht mehr sein! Freundinnen meinten, sie solle ihn beim Psychologen vorstellen, irgend etwas sei mit ihm nicht in Ordnung. Sie selber habe sich immer wieder Gedanken darüber gemacht, was sie hätte anders machen sollen, da ihre beiden anderen Kinder schon längst trocken seien – der 6jährige Bruder und selbst die 4jährige Schwester, was für Dominik besonders schwierig sei. Jetzt erkennt man zum erstenmal Tränen, die Dominik nicht mehr verbergen kann und auch die Mutter ist kurz vor dem Heulen.

Erst auf gezielte Anfrage hin berichtet sie, daß sie selber als Kind erst nach der Einschulung trocken geworden sei – bei ihrer älteren Schwester habe es noch viel länger gedauert – noch als sie 12 oder 13 gewesen sei, sei es ab und zu vorgekommen. Wie es bei anderen Verwandten gewesen sei, könne sie nicht sagen – man rede in der Familie nicht darüber.

Möchten Sie gerne jetzt schon wissen, wie es mit Dominik und seiner Mutter weiterging, können Sie zum Anfang des sechsten Kapitels blättern.

Obwohl dieses Szenario konstruiert ist, ist es in vieler Hinsicht sehr typisch und verdeutlicht die Problematik. Alle anderen Beispiele sind real – zur Anonymisierung wurden Namen und Umstände verändert. Bei Dominik handelt es sich um ein sogenanntes primäres isoliertes Bettnässen. Isoliert heißt: außer dem Bettnässen finden sich keinerlei weiteren Hinweise auf eine Störung der Blasenfunktion; primär bedeutet, daß die längste trockene Periode (ohne Einnässen) bisher nie länger als sechs Monate gewesen ist. Wie ausführlich erläutert werden soll, ist diese Form sehr häufig, d. h. viele Schulkinder und z. T. auch Jugendliche sind hiervon betroffen. Typisch sind, wie bei Dominik, die großen Einnäßmengen und der tiefe Schlaf. Es ist keine seelisch bedingte Störung, d. h. weder «Erziehungsfehler», Sauberkeitstraining noch andere Faktoren innerhalb oder außerhalb der Familie sind Ursache dieser Störung, die Rate von Verhaltensauffälligkeiten ist gegenüber nicht-einnässenden Kindern nicht erhöht. Statt dessen handelt es sich um eine durch Erbfaktoren bedingte Reifungsproblematik, die wie in der Familie von Dominiks Mutter bei 70 Prozent weiterer Verwandter vorkommt.

Diese neuen Erkenntnisse sind bei vielen Eltern, aber auch Therapeuten und selbst bei Ärzten nicht bekannt und führen dazu, daß die Problematik falsch interpretiert wird, nämlich als seelische Störung, die bei entsprechend anderem Verhalten der Eltern hätte vermieden werden können. Bekannt ist der Ausdruck «die Blase weint», was bedeutet, daß das Einnässen als symbolischer Ausdruck von Tränen, Trauer und seelischen Konflikten gesehen wird. Wie im Laufe des Buches dargestellt wird, gibt es kaum eine Annahme, die inzwischen so gründlich widerlegt worden ist.

Ohne Zweifel leidet Dominik extrem unter dem Bettnässen – so sehr, daß er am Anfang gar nicht darüber sprechen mag. Viele Kinder sind sehr unglücklich und meinen, sie wären «anders als andere Kinder». Sie schämen sich und vermeiden Aktivitäten, die sonst eher zu den freudigen Ereignissen gehören, wie Teilnahme an Schulausflügen und Übernachten bei anderen Kindern. Bei Eltern besteht häufig ein hoher Leidensdruck, wenn das Kind in den Kindergarten aufgenommen wird, da viele Kindergärtnerinnen meinen, daß ein Kind zu diesem Zeitpunkt trocken sein sollte. Spätestens bei der Einschulung steigen diese Sorgen bei Eltern und Kindern extrem an – denn jetzt sollte das Kind nun endlich vollkommen trocken sein!

Zudem suchen viele Mütter in ihrem Erziehungsverhalten nach Gründen für das Bettnässen. Viele sind überzeugt, daß sie etwas falsch gemacht haben – daß sie zu früh wieder begonnen haben zu arbeiten, daß sie sich noch intensiver um ihr Kind hätten kümmern müssen, usw. … Diese Schuldgefühle sind belastend, vor allem, wenn sie durch kritische und abwertende Bemerkungen der Umwelt (Freunde und Verwandte) verstärkt werden. Wegen der Schuldgefühle werden auch berechtigte Gefühle von Ärger

(z. B. über die Berge und Berge von Wäsche) nicht zugelassen und, wenn sie dennoch durchbrechen sollten, mit Schamgefühlen unterdrückt. Kaum ein Problem wird so tabuisiert in Familien, was eine offene Bewältigung weiter verhindert.

Vielen Eltern und Kindern ist nicht klar, wie häufig das Bettnässen tatsächlich vorkommt. Nach mehreren, sehr genauen Untersuchungen in verschiedenen Ländern nässen zehn Prozent der Siebenjährigen, ein bis zwei Prozent der Jugendlichen und selbst ein Prozent der Erwachsenen ein. Wenn das Bettnässen so häufig ist, heißt das, daß in jeder Kindergartengruppe und in jeder Klasse noch andere Kinder ebenfalls betroffen sind. Da man den Kindern nicht ansieht, ob sie nachts einnässen, meinen viele Kinder, sie wären die Einzigen, die davon betroffen sind.

Obwohl es so häufig ist, ist das Bettnässen mit vielen Tabus behaftet. So wird es z. B. nicht wie eine Kinderkrankheit angesehen, wegen der man zum Kinderarzt geht. Ein Grund hierfür ist, daß viele Eltern, aber auch Therapeuten und Ärzte, Vorstellungen über das Einnässen haben, die in direktem Widerspruch mit neueren Ergebnissen der Wissenschaft stehen. Eines dieser Vorurteile ist, daß es sich, wie oben erläutert, immer um eine seelische Störung handelt. Immer wieder mußten wir erleben, daß Kinder wie Dominik, die bis auf das Bettnässen sich weitgehend «unauffällig» entwickelten, über Jahre mit einer Spieltherapie behandelt wurden. Dies ist eine sehr wirksame Behandlungsform, wenn sie angezeigt ist, zum Beispiel bei depressiven Kindern. Beim Bettnässen ist sie nicht wirksam und verzögert nur eine effektive Behandlung.

Ein anderes Vorurteil ist, daß es sich immer um eine Erkrankung der Blase handelt. Noch immer werden eingreifende, belastende und unnötige Untersuchungen wie Blasenspiegelungen, Röntgenaufnahmen und Druckmessungen der Blase vorgenommen, die sinnlos sind – wie in dem Fall von Dominik (siehe Kap. 6). Es ist deshalb nicht verwunderlich, daß viele Eltern sich Außenseitermethoden wie Bachblüten, Edelsteintherapie und anderen naturheilkundlichen Methoden – z. T. mit hohem finanziellen Einsatz – zuwenden. Diese sind zwar auch nicht wirksam, aber wenigstens werden die Eltern dort ernst genommen und gestützt.

Vorurteile anderer Art wiederum verhindern den Einsatz der wirksamsten Behandlungsmethode – dem Klingelgerät. Ordnungsgemäß eingesetzt werden 70 Prozent aller Kinder hiermit trocken – auch Dominik sollte später dazugehören. Keine andere Behandlungsform kann solche Erfolge aufweisen – und bei keiner bleiben so viele Kinder auch langfristig trocken. Selbst viele Kinderärzte haben diesbezüglich Vorurteile – das Kind werde gequält, werde bestimmt Schlafstörungen oder andere Ersatzsymptome entwickeln, was Eltern mit ihren Schuldgefühlen nur zu gerne aufgreifen.

Wenig bekannt sind die neusten Ergebnisse der genetischen Forschung. Auch Dominiks Mutter erzählte erst auf Nachfrage, daß sie und vor allem ihre Schwester noch länger mit dem Trockenwerden gebraucht hatten. In 60 bis 80 Prozent aller Familien finden sich andere Verwandte, die auch einnässen oder eingenäßt haben – Häufigkeiten, die schon seit 70 Jahren bekannt sind. Seit sechs Jahren sind mit neueren genetischen Methoden sogar die «Genorte» für das Bettnässen gefunden worden – Ergebnisse, die den wenigsten Eltern geläufig sind. Wenn diese erläutert werden, reagieren die meisten Eltern mit einer enormen Erleichterung – so groß waren ihre Schuldgefühle, daß bei dieser Nachricht schwere Lasten von ihnen abzufallen scheinen.

Nach eigener Erfahrung sind viele Eltern einnässender Kinder sehr wißbegierig und dankbar, wenn man sich die Mühe macht, auch komplexere Zusammenhänge zu erklären. Auch sind sie an konkreten Fakten und Zahlen, z. B. über Häufigkeiten von Problemen oder über die Wirksamkeit von Behandlungsformen, sehr interessiert. Aus diesem Grund wurden auch Tabellen mit aufgenommen, denn sie vermitteln auf einen Blick Zusammenhänge viel übersichtlicher. Um das Buch andererseits anschaulich zu gestalten, wurden viele Beispiele von Kindern mit unterschiedlichen Formen des Einnässens aufgenommen. Die Fallbeispiele wurden ausführlich und komplett, d. h. einschließlich der Behandlung, geschildert, denn es macht wenig Sinn, diese «Geschichten» auseinanderzureißen. Es lohnt sich also sehr, nach der Lektüre des Buches nochmal zurückzublättern, um mit neuem Wissen die überwiegend erfolgreichen

Behandlungen nachzuvollziehen.

Ziel und Inhalt dieses Buches ist es, neue Sichtweisen und Anregungen zu dem Problem des Bettnässens zu vermitteln. Kurz und anschaulich soll betroffenen Eltern das derzeitige Wissen über diese häufige Problematik dargestellt werden. Darüber hinaus möchte ich Ihnen konkrete, praktische Hinweise an die Hand geben, wie Sie Ihrem Kind in dieser Situation helfen können.

1. Was ist Bettnässen?

Das nächtliche Einnässen heißt mit dem Fachausdruck «Enuresis nocturna». Man versteht darunter ein wiederholtes, unwillkürliches Einnässen nachts ab einem Alter von fünf Jahren – nachdem medizinische Ursachen für das Einnässen ausgeschlossen worden sind. In diesem einen Satz sind alle wesentlichen Merkmale kurz zusammengefaßt.

Häufigkeit des Einnässens

Ein Kind muß tatsächlich mehrfach und regelmäßig einnässen, bevor man dies als Störung bezeichnen darf. Bei außergewöhnlichen Umständen und Erlebnissen, z. B. bei Reisen, oder wenn der übliche Schlaf-Wach-Rhythmus verändert wird, kann es bei jedem Kind zum gelegentlichen Einnässen kommen. Dies hat natürlich nichts mit Bettnässen als Störung zu tun.

Üblicherweise sagt man, daß das Einnässen von der Häufigkeit her mindestens zweimal im Monat unter einem Alter von sieben und einmal im Monat über einem Alter von sieben Jahren stattfinden sollte, um wirklich vom Bettnässen als Störung sprechen zu können. Dies ist die offizielle Definition in dem ICD-10 Manual der Weltgesundheitsorganisation (WHO)[1]. In der Praxis erlebt man jedoch immer wieder Kinder, die seltener als einmal im Monat einnässen und trotzdem darunter leiden. Deshalb gilt nach der amerikanischen Definition (im Diagnosemanual DSM-IV der amerikanischen psychiatrischen Vereinigung) ein seltenes Einnässen auch als Bettnässen – wenn das Kind sich dadurch in seinen sozialen Bezügen beeinträchtigt fühlt[2]. Dieser Zusatz ist wichtig, da es bei dem Einnässen unterschiedliche Grade des Leidensdrucks gibt – manchen Kindern, die häufig einnässen, scheint es wenig auszumachen, während manche, die nur alle zwei Monate einnässen, extrem darunter leiden. So wird das individuelle Kind in all seinen Eigenarten und seinem spezifischen Erleben berücksichtigt.

Bettnässen ist eine offiziell anerkannte Krankheit

Diese offiziellen Definitionen mögen vielleicht als überflüssig erscheinen, haben aber zwei entscheidende Vorteile: Sie sind allgemeinverbindliche Übereinkünfte, d. h. es muß nicht jedesmal von neuem überlegt werden, was zu einer Störung zu rechnen ist und was nicht. Zum anderen wird dadurch das Einnässen offiziell als Krankheit anerkannt, für die man ärztliche Hilfe in Anspruch nehmen kann. Es handelt sich eben nicht – wie früher den Kindern zu unrecht unterstellt – um ein Vergehen, eine absichtliche Tat, oder – im Hinblick auf manche Eltern – die Unfähigkeit, ihre Kinder richtig zu erziehen. Nein, es ist eine offizielle Krankheit, für die ebenso wie bei Infekten oder Kinderkrankheiten primär der Kinderarzt zuständig ist und die behandelt werden kann (als Krankenkassenleistung).

Dennoch werden viele Kinder dem Arzt nicht vorgestellt: von der Gesamtgruppe der einnässenden Kinder werden je nach Alter nur 30 Prozent (bei 4–5jährigen) bis 80 Prozent (bei über 12jährigen) ärztlich untersucht. Die Gründe, die Eltern vom Arztbesuch abhalten, sind vielfältig: fehlende Informationen, Schuld- und Versagensgefühle, Hoffnungslosigkeit, auf die in einem späteren Kapitel eingegangen wird. Es wäre zu wünschen, daß das Bettnässen in Zukunft neutral als das gesehen werden könnte, was es ist: eine häufige, behandelbare Problematik wie viele andere auch.

Einnäßmengen

Viele Kinder nässen nachts große Mengen ein – das Bett ist klitschnaß. Man könnte die Bettlaken auswringen – oder, wenn Windeln getragen werden, sind diese richtig schwer und vollgesogen. Bei manchen Kindern dagegen ist das Bett – zumindest nicht in jeder Nacht – nicht naß, sondern die Unterwäsche oder der Schlafanzug nur feucht. Selbst diese kleinsten Mengen, Tröpfchen, gelten als Einnässen. Als Behandlungsziel wird die absolute Trockenheit angestrebt. Ein Kind möchte ganz trocken und nicht nur ein bißchen weniger naß sein.

Dauer des Einnässens

Auch ist es erforderlich, daß ein Kind mindestens drei Monate lang hintereinander einnäßt – bevor man dieses Phänomen als Einnässen bezeichnet. Wenn es nur für ein bis zwei Monate andauert, so handelt es sich nicht um eine Störung, da es sich spontan zurückbilden kann. Man sollte deshalb in einem solchen Fall abwarten und sein Kind beruhigen und stützen.

Bettnässen ist immer unwillkürlich und nicht absichtlich

Ferner tritt das Bettnässen immer unwillkürlich auf. In der Fachliteratur wird zwar das willkürliche Einnässen auch als «Enuresis» bezeichnet[1]. In der Praxis ist dies extrem selten. Es wurde vom Autor in seltensten Fällen bei extrem vernachlässigten Kindern mit schweren Verhaltensproblemen beobachtet, die z. B. tags in Abfalleimer, Schubläden und dgl. Wasser ließen – zum Teil aus Provokation, aber überwiegend aus eigener Not heraus. Wenn ein Kind also tagsüber willkürlich einnässen sollte, so ist dies meist Zeichen einer tiefgreifenden Verhaltensstörung und sollte meines Erachtens nicht als Einnässen bezeichnet werden.

Man sollte deshalb niemals einem Kind unterstellen, daß es absichtlich und vielleicht sogar böswillig einnäßt. *Das Bettnässen geschieht immer unabsichtlich.* Wenn es willkürlich wäre, würde schon allein der hohe Leidensdruck das Bettnässen verhindern. Die Unterstellung einer Absicht führt automatisch zu einer Fehldeutung, zu gravierenden Mißverständnissen und Beziehungsschwierigkeiten. Eltern fühlen sich provoziert, werden aggressiver und angespannter, das Kind fühlt sich falsch verstanden, zu unrecht beschuldigt und wird mit Rückzug oder Provokation in anderen Bereichen reagieren. Für diese Konstellation wurde der Fachbegriff «Elterliche Intoleranz» («parental intolerance») geprägt –, die geradezu zu eskalierenden, z. T. aggressiven Auseinandersetzungen prädestiniert[3, 4].

Alter des Einnässens

Um vom Einnässen zu sprechen, muß Ihr Kind – wie gesagt – mindestens fünf Jahre alt sein. Im Alter von vier Jahren nässen 20 bis

25 Prozent aller Kinder ein – selbst mit fünf Jahren sind es immer noch 15 Prozent. Bei einem so häufigen Phänomen kann man also unter einem Alter von fünf Jahren nicht von einer Störung sprechen – sondern es gehört ganz einfach zum normalen Reifungsprozeß, der bei manchen Kindern früher, bei anderen später einsetzt. Es ist bekannt, daß alle Reifungsphänomene, sei es die motorische, die Sprach- oder später die Pubertätsentwicklung, eine enorm große Spannbreite aufweisen, die immer noch als «normal» gelten. Es ist deshalb wichtig, klar festzulegen, ab wann ein Phänomen wie Bettnässen einem «Spätzünder» zugestanden werden kann und ab wann es sinnvoll ist, über eine Abklärung und mögliche Behandlung nachzudenken.

Aus diesem Grund sollte man vierjährige Kinder, die nachts einnässen, nicht behandeln, sondern sie entlasten und noch ein weiteres Jahr abwarten. Vierjährige Tagseinnässende mit einem hohen Leidensdruck, die z.B. im Kindergarten gehänselt werden, kann man bei entsprechender Motivation auch in diesem Alter behandeln. Dagegen gibt es viele verspielte Fünfjährige bettnässende Kinder, die eigentlich noch keine Behandlungsmotivation zeigen. Oft verspüren die Eltern einen höheren Druck als die Kinder. In diesen Fällen ist es eher sinnvoll behutsam zu beginnen (z.B. mit einem Kalender), die Eltern zu beruhigen und noch etwas abzuwarten. Es gibt in Fachkreisen sogar die Meinung, daß man selbst fünfjährige Kinder nicht behandeln sollte – sondern erst ab einem Alter von sechs bis acht Jahren. Meiner persönlichen Erfahrung zufolge sollte die Entscheidung vom Entwicklungsstand des Kindes abhängig gemacht werden. Ist ein fünfjähriges Kind reif und motiviert – spricht nichts gegen eine Behandlung schon in diesen Alter.

All dies mag Eltern verwundern. Viele finden das Alter von fünf Jahren sehr spät, da sie sehr viel früher Trockenheit von ihren Kindern erwarten. In einer amerikanischen Untersuchung glaubten 90 Prozent der Eltern, daß ein Kind vor dem Alter von vier Jahren trocken sein sollte[5]. Das Durchschnittsalter für die erwartete Trockenheit lag bei 2,75 Jahren bei Eltern im Gegensatz zu 5,13 Jahren bei den ebenfalls befragten Kinderärzten. Dies bedeutet einerseits, daß die Einschätzung der Kinderärzte mit dem Lehrbuchwissen übereinstimmte. Andererseits, daß Eltern ab einem Alter von zwei Jahren eigentlich erwarten, daß ihr Kind trocken sein sollte. In anderen Worten, bis zu einem Besuch beim Kinderarzt sind oft schon – viel zu früh – Jahre mit vergeblichen Trainings- und Behandlungsversuchen vergangen, gekoppelt mit Enttäuschungen, Versagensgefühlen und emotionalem Druck in den Familien[5].

Welche Erkrankungen können zum Einnässen führen?

Zuletzt muß sicher sein, daß keine organische (medizinische) Grunderkrankung vorliegt, bevor man nach den offiziellen Diagnosemanualen (ICD-10 und DSM-IV) vom Bettnässen spricht. Nachweisbare medizinische Ursachen sind bei nachts einnässenden Kindern selten. Sie treten bei tags einnässenden Kindern häufiger auf, die deshalb noch genauer untersucht werden sollten.

Am häufigsten können Harnwegsinfekte vorliegen, weswegen eine Urinuntersuchung immer erfolgen sollte. Harnwegsinfekte sind bei Kindern, die tags einnässen, sehr viel häufiger. Beim Bettnässen dagegen sind sie selten. Deshalb reicht üblicherweise eine einfache Untersuchung mit einem Teststreifen.

Andere wichtige medizinische Ursachen können Anlagestörungen des Harntraktes sein, wie Verengungen oder Klappen in der Harnröhre. Auch angeborene Störungen des Nervensystems wie ein offener Rücken (Spina bifida) und Stoffwechselstörungen wie eine Zuckerkrankheit (Diabetes mellitus) können seltene Ursachen darstellen, wenn auch häufiger für das Einnässen bei Tag. Daneben gibt es angeborene Störungen wie Doppelanlagen der Nieren, die per Zufall bei einer Ultraschalluntersuchung entdeckt werden. Manche Eltern sind sehr beunruhigt darüber. Obwohl diese Zufallsbefunde häufiger sind als bei nicht einnässenden Kindern, sind sie nicht Ursache des Bettnässens. Viele Kinder benötigen jedoch in diesem Fall keine Behandlung, sondern sollten in größeren Abständen mit dem Ultraschall nachkontrolliert werden. Darüber kann der Kinderarzt im Einzelfall beraten. Wenn jedoch keine Auffälligkeiten gefunden wurden, sind weitergehende Untersuchungen wie Röntgen und urologische Untersuchungen beim Bettnässen nicht angezeigt und sollten unbedingt unterlassen werden.

Bevor wir uns mit den verschiedenen Formen des Bettnässens im Detail beschäftigen, möchten wir kurz zeigen, wie die normale Blasenfunktion verläuft.

2. Normale Blasenfunktion und Sauberkeitsentwicklung

Wie sieht der Harntrakt aus und wie funktioniert er?

Für viele ist es schwer zu verstehen, woher der Urin kommt. Er wird in zwei bohnenförmigen Organen gebildet, die am Rücken liegen. Diese sind für den Menschen lebensnotwendig und müssen daher unter allen Umständen geschützt werden: die *Nieren*. Vielleicht genügt zur kurzen Erklärung von deren Funktion die Darstellung eines Jungen, der meinte: «Dort wird das Blut gewaschen!». Die Nieren sind sozusagen die Waschmaschinen des Körpers – der Urin ist eine bearbeitete Filtrationsflüssigkeit des Blutes.

Der Urin wird im Nierenbecken gesammelt und von dort durch die dünnen Schläuche der *Harnleiter* nach unten, zu der Blase transportiert. Die Richtung des Transportes ist unter gesunden, normalen Bedingungen immer die zur Blase hin – niemals zurück. Die Einmündung der Harnleiter in die Blase ist vom Körper so geschickt angelegt, daß sie wie ein kleines Ventil wirkt und dadurch der Urin von der Blase nicht zurückfließen kann. Das Zurückfließen des Urins heißt in der Fachsprache «Reflux», der leicht, aber auch extrem ausgeprägt sein kann. Ein Reflux stellt für die Nieren insofern eine Gefahr dar, als so Harnwegsinfekte leichter entstehen können und durch den höheren Druck im Nierenbecken das Nierengewebe geschädigt werden kann.

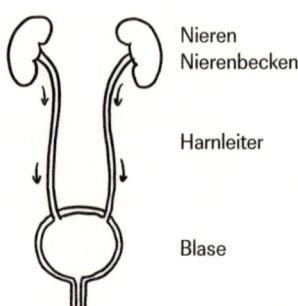

Nieren
Nierenbecken

Harnleiter

Blase

Die *Blase* ist ein Hohlorgan bestehend aus glatter Muskulatur. Man kann sie vielleicht am besten mit einem Luftballon vergleichen, der mit Wasser gefüllt wird (fast alle Kinder kennen das von wilden Wasserschlachten im Sommer). Im gefüllten Zustand ist die Blase rund, im entleerten Zustand zieht sie sich zusammen und kann gefaltet aussehen. Wenn man bei einem solchen gefüllten Luftballon den Ausgang nicht zuhält, fließt das Wasser hinaus. So ähnlich ist es auch bei der Blase: sie hat einen Schließmuskel, der – wie ein Wasserhahn – den Ausgang zumachen oder öffnen kann. Dieser Schließmuskel kann im Notfall von den Muskeln des Beckenbodens unterstützt werden. Der Beckenboden sieht wie ein Trichter aus und hält die Beckenorgane an ihrem Platz. Wenn es gar nicht anders geht, kann der Beckenboden angespannt werden – wie eine Notbremse –, um den Urinaustritt zu verhindern. Manche Kinder gewöhnen sich an, die Notbremse dauernd zu benutzen (die Kinder mit einer Aufschub- oder Koordinationsstörung) – was für die Blase bestimmt nicht gut ist, genauso wenig wie man ein Auto nur mit der Handbremse bremsen sollte.

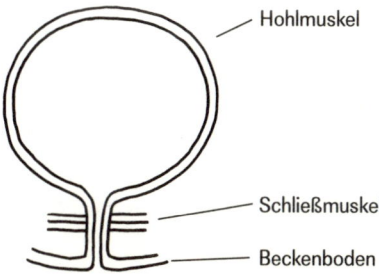

Hohlmuskel

Schließmuskel

Beckenboden

Die Blase hat zwei Aufgaben, denen sie automatisch nachgeht – wie wichtig diese allerdings sind, merkt man erst dann, wenn sie nicht richtig funktionieren. Die eine Aufgabe ist das Speichern oder Sammeln, die andere das Entleeren. Die Blase ist also ein *Speicher- und Entleerungsorgan* – beides muß genau aufeinander abgestimmt sein.

Die Speicherphase

In der Speicherphase fließt kontinuierlich oder in Schüben, Urin von der Niere über den Harnleiter in die Blase. Den Eintritt des neuen Urins in die Blase kann man manchmal im Ultraschall sehen! In dieser Zeit hat die Blase die Aufgabe, sich langsam und passiv füllen zu lassen – ohne daß es einem unangenehm dabei wird. Dazu müssen zwei Bedingungen erfüllt sein: der Verschluß (Wasserhahn) muß zugedreht sein – sonst würde der Urin konstant herauslaufen. Ferner muß die Blase sich dehnen lassen – wie ein Luftballon. Das tut sie erstaunlich gut, denn in der ganzen Speicherphase steigt der Druck in der Blase nur ganz wenig, kontinuierlich über Stunden an. Wenn man nicht darauf achtet, merkt man es nicht und kann sich so mit anderen Dingen beschäftigen. Erst wenn die Blase ganz gefüllt ist (bei üblicher Trinkmenge bei Kindern nach 2–3 Stunden) steigt der Druck steil an. Dies spürt man an dem Harndrang (dem Drükken oder Kribbeln im Unterbauch). Auch dies ist ein wichtiges Signal, das einem mitteilt, man möge doch möglichst schnell eine Toilette aufsuchen. Zum Glück kann man üblicherweise dies noch eine Weile hinausschieben – durch willentliche Kontrolle oder im Notfall durch Anspannen der Beckenbodenmuskeln. Kinder mit einer Aufschubstörung haben sich über Jahre angewöhnt, nicht auf dieses Entleerungssignal zu hören und «quälen» ihre Blase, indem sie sie nicht entleeren.

Dagegen ist die Drangstörung eine Störung der Speicherphase. In diesem Fall läßt sich die Blase nicht so schön langsam füllen, wie oben beschrieben. Schon bei geringer Füllung beginnt die Blase sich gegen die Füllung zu wehren und zieht sich «ohne Grund» unwillkürlich zusammen. Dadurch steigt der Druck in der Blase an, obwohl sie noch gar nicht voll ist. Dies äußert sich in einem Harndrang – allerdings zu einem viel zu frühen Zeitpunkt. Manchmal ist dieser Drang so groß und so heftig, daß die Kinder zur Toilette rennen und trotz Notbremse (Haltemanöver) die Hose naß wird. Die Drangstörung stellt – im Gegensatz zur Aufschubstörung – kein erlerntes «Fehlverhalten» dar, sondern ist eine biologisch-genetische Störung.

Die Entleerungsphase

Was passiert, wenn man die Toilette erreicht hat? Nun wird einmal der Blasenhohlmuskel nach langer Zeit wieder aktiv und zieht sich zusammen, um den alten Urin hinauszubefördern und Platz für neuen zu machen. Damit das reibungslos abläuft, muß zur gleichen Zeit der Wasserhahn ganz aufgehen, um das Wasser hinausfließen zu lassen. In anderen Worten: der Schließmuskel und der Beckenboden müssen sich vollständig entspannen. Es gibt keine Zeit im gesamten Tagesablauf, selbst nachts im Schlaf nicht, in der diese beiden Muskeln so entspannt sind. Sie müssen sich nur öffnen – mehr wird von ihnen nicht verlangt.

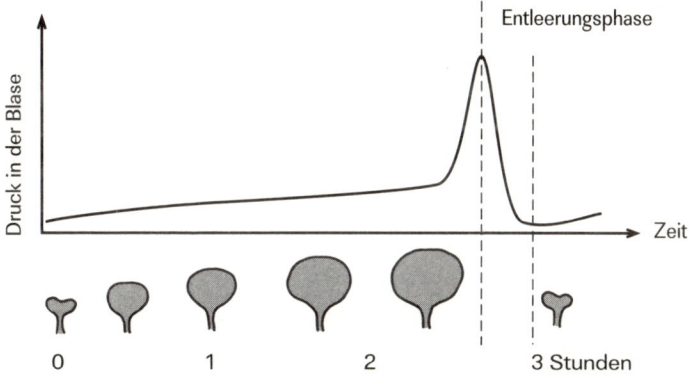

Wenn sie das allerdings nicht tun, kommt es zu der Koordinationsstörung. Hier bleibt der Schließmuskel geschlossen – oder zieht sich sogar paradoxerweise zusammen, so daß die Blase viel mehr arbeiten muß, um den Urin nach draußen zu bringen. Zum Teil helfen die Kinder nach, indem sie mit den Bauchmuskeln pressen. Die Folge ist, daß der Druck in der Blase ansteigt – mit der Gefahr, daß der Urin zur Niere zurückfliessen kann und sich der schon erwähnte Reflux bildet. Die andere Folge ist, daß die Blasenwand verdickt, da die Muskeln stärker werden müssen (so ähnlich wie die Muskeln bei einem Sporttraining, z. B. beim Tennis, kräftiger und dicker werden). Durch den blockierten Wasserhahn fließt der Urin in Portionen hinaus: man spricht auch von einem Stottern oder einem fraktionierten Wasserlassen. Dadurch bildet sich häufig Resturin, der wiederum

23

Harnwegsinfekte begünstigt. Alles in allem ein Teufelskreis – und alles wegen einer Angewohnheit, einem erlernten Verhalten.

Blasenwandverdickung: bei voller Blase gemessen

normal   verdickt

kleiner als 2,5 mm   über 2,5 mm bis zu 8 mm durch Harnwegsinfekte und Blasenstörungen

Normalerweise entleert sich die Blase in einem Strahl. Dabei steigt die Flußgeschwindigkeit steil an, erreicht einen Höhepunkt und fällt etwas langsamer wieder ab. Wenn man eine Harnflußmessung (eine wichtige, nicht eingreifende und nicht schmerzhafte Untersuchung) durchführt, sieht die Harnflußkurve wie eine Glocke aus. Man spricht deshalb auch von einer «glockenförmigen» Blasenentleerung. So sollte die Blase sich entleeren – es genügt in diesem Zusammenhang festzustellen, daß alle anderen Harnfluß- oder Entleerungsformen auffällig sind und zumindest nachkontrolliert werden sollten.

Nach der Entleerung beginnt das (Zusammen-) Spiel von Blasenhohl- und Schließmuskel von neuem – eine neue Speicherphase kann beginnen.

Blase und Gehirn – eine Einheit

Wie bei kaum einem anderen Organ bilden Blase und Gehirn eine Einheit. Und wie direkt Gedanken, Gefühle und Blase zusammenhängen, kennt jeder aus eigener Erfahrung. Gerade in Streßzeiten, bei besonderen Ereignissen (Arbeiten, Prüfungen oder anderen freudigen oder nicht so freudigen Ereignissen) kann sich die Blase gerade dann mit Harndrang melden.

Es genügt festzustellen, daß die Blase von unterschiedlichen Nervenfasern versorgt wird, die von der Blase kommen und Informationen liefern, und zur Blase führen, um dort etwas in Gang zu setzen. Dies sind Nerven der willkürlichen Aktivierung (dadurch kann man eben in Streßzeiten verhindern, daß es in die Hose geht), aber – noch wichtiger – Fasern des unwillkürlichen Nervensystems, die nicht direkt der willkürlichen Kontrolle unterliegen (Sympatikus und Parasympatikus sind die Fachausdrücke hierfür).

Im Zentralen Nervensystem kann die Blase auf verschiedenen Ebenen kontrolliert werden. Auf der Ebene des Rückenmarks wirken Reflexe: wenn die Blase übervoll ist, dann wird sie zum Glück nicht wie ein Luftballon platzen. Die eigene Muskulatur und Rükkenmarksreflexe werden schon dafür sorgen, daß sie sich entleert – ob man es will oder nicht. Diese Reflexe sind beim Einnässen jedoch nicht wichtig.

Für das nächtliche Einnässen ganz entscheidend ist das Blasenzentrum im Hirnstamm (oder das pontine Miktionszentrum). Hier wird das komplexe Zusammenspiel von Blasenhohl- und Schließmuskel austariert. Es ist sozusagen die Schaltzentrale, die den Überblick behält, auch wenn man schläft oder mit anderen wichtigeren Dingen (wie Spielen) beschäftigt ist. Hätten wir dieses Zentrum nicht, müßten wir alles selber machen, d. h. wir wären ständig damit beschäftigt, Füllungsdruck und Muskelinnervation zu überwachen und würden mit Sicherheit ununterbrochen «Zwischenfälle» erleben.

Weiter entscheidend ist, daß dieses Blasenzentrum im Hirnstamm in unmittelbarer Nähe der Zentren liegt, die für die Regulation des Schlafes und der Erweckbarkeit zuständig sind. Wie später ausgeführt, ist gerade das Zusammenspiel von Blasenfüllung und fehlender Erweckbarkeit die wichtigste Ursache des isolierten nächtlichen Einnässens.

Ferner ist ein weiterer Bestandteil des Gehirns für das nächtliche Einnässen wichtig: die Hirnanhangsdrüse. Hier wird das antidiuretische Hormon ausgeschüttet, das für den Wasserhaushalt entscheidend ist. Bei dem isolierten nächtlichen Einnässen, das wir noch ausführlich beschreiben werden, findet sich eine Veränderung der Ausschüttung dieses Hormons, so daß manche Kinder nachts zuviel Urin bilden – oft sogar mehr, als die Blase halten kann.

Und zuletzt gibt es in der Großhirnrinde ein Blasenzentrum, das eine willkürliche Wahrnehmung und Kontrolle der Blase ermöglicht. Dies ist immens wichtig, da man sonst – wie bei einem Säugling – unkontrolliert, ohne eigene Einflußmöglichkeit einnässen würde. Dieses Zentrum ist auch in der Behandlung der tagsein-nässenden Kinder oder solchen mit einem nicht-isolierten nächtli-chen Einnässen (d. h. mit Blasenfunktionsstörungen) sehr wichtig.

Am Beginn einer Behandlung wird es einmal darum gehen, wahrzunehmen, was man sich inzwischen unbewußt, automatisch an Gewohnheiten angeeignet hat. Viele Kinder merken nicht, daß sie zu selten oder zu häufig auf die Toilette gehen, Haltemanöver einset-zen, usw. Deshalb werden Kinder mit einer Drangstörung gebeten, nur darauf zu achten, wann sie müssen, und dann sofort auf die Toi-lette zu gehen. Eine große Hilfe dabei sind die Pläne, die ebenfalls die Aufgabe haben, die Dinge bewußt zu machen und zu registrieren, die sonst automatisch ablaufen. Das erstaunliche dabei ist: allein die Wahrnehmung bewirkt Veränderungen, auf die dann – falls es not-wendig ist – in bestimmten Trainingsschritten aufgebaut werden kann.

Wie häufig sollte ein Kind pro Tag auf die Toilette gehen?

Zwischen fünf und sieben Mal ist völlig normal; dabei gehen jüngere Kinder etwas häufiger, ältere eher nur fünfmal. Häufigeres Gehen ist besser für die Blase als zu seltenes Gehen: also lieber einmal mehr als einmal zu wenig.

Wieviel Flüssigkeit kann die Blase aufnehmen?

Auch dazu gibt es eine Faustregel: Blasenvolumen (Kapazität) = (Alter x 30) + 30ml. Bei einem fünfjährigen Kind beträgt das Füll-volumen demnach: 5 x 30 +30 = 180ml; bei einem zehnjährigen: 10 x 30 + 30 = 330 ml.

Diese Regel gilt nur für das Kindesalter und läßt sich nicht be-liebig in das Erwachsenenalter fortsetzen. Wenn ein 24-Stunden-Protokoll ausgefüllt wird, d. h. auch die Urinmenge jedesmal gemes-sen wird, kann man bereits erkennen, ob eine Störung vorliegt oder nicht. So finden sich bei der Drangstörung sehr kleine Mengen, z. T. nur 30 bis 80 ml, während bei der Aufschubstörung die Menge die Kapazität für das jeweilige Alter um einiges übersteigt.

Blasengröße und Blasenfunktion
beim nächtlichen Einnässen

Alle Ausführungen zur normalen Blasenfunktion gelten auch für das isolierte nächtliche Einnässen, die gängigste Form des Bettnässens, auf das wir im nächsten Kapitel genauer eingehen wollen. Nur soviel sei vorweggenommen: Die Blasenkapazität ist hier normal groß, die Entleerungshäufigkeiten völlig altersentsprechend – und die Blase entleert sich völlig koordiniert – sowohl tags, wie auch nachts während des Einnässens, es liegt also keine Störung der Blase vor! Behandlungsversuche, die auf die Funktionen der Blase abzielen (wie verschiedene Formen des Blasentrainings), sind völlig wirkungslos.

Wie entwickelt sich die normale Blasenfunktion?

Die reife, koordinierte Blasenfunktion (mit Zusammenspiel von Speicherung und Entleerung) wird in den ersten vier Lebensjahren entwickelt – manches ist schon bei der Geburt angelegt. So sind sogar Neugeborene zwischen den Entleerungsphasen schon trocken – es läuft nicht andauernd Urin, sondern die Blase kann schon ganz gut speichern und entleeren.

Im ersten halben Lebensjahr erfolgt die Kontrolle nur unwillkürlich. Wenige Monate alte Säuglinge entleeren die Blase alle ein bis zwei Stunden, wenn sich etwa 30 ml angesammelt hat. Im Alter von sechs bis zwölf Monaten kommt es zu selteneren, unwillkürlichen Entleerungen – jetzt schon bei einem Volumen von ca. 60 ml. Ab dem Alter von ein bis zwei Jahren ist eine zunehmende bewußte Wahrnehmung und sprachliche Artikulation bezüglich des Harndranges möglich. Die Blase kann jetzt schon 100 ml fassen. Mit zwei bis vier Jahren wird eine bewußte, willkürliche Kontrolle erreicht, die Entleerungen können hinausgezögert und willkürlich auch in Gang gesetzt werden.

Die willkürliche Kontrolle bedeutet für das Kind (und die Familie) einen Entwicklungsschritt, der oft mit dem Gefühl von Stolz und Selbständigkeit verbunden ist. Dazu gehören jedoch zwei Komponenten: während Eltern oft das Zurückhalten überbetonen, ist die Fähigkeit, das Wasserlassen willkürlich in Gang zu bringen, genauso wichtig.

Bei der normalen Sauberkeitsentwicklung sieht der typische zeitliche Ablauf so aus: Zunächst erfolgt die Darmkontrolle, dann die Blasenkontrolle tags und zuletzt die nächtliche Trockenheit.

Welche Auswirkungen hat ein Sauberkeitstraining?

Diese Reifungsprozesse verlaufen bei jedem Kind unterschiedlich schnell. Es gibt, wie bei vielen anderen Aspekten der Entwicklung eine große Bandbreite, die noch als «normal» gilt. Die Geschwindigkeit und der Ablauf scheint in jedem Kind biologisch angelegt und nur wenig durch äußere Einwirkungen beeinflußbar zu sein. Diese wichtige und für manche Eltern erstaunliche Erkenntnis konnte in zwei einzigartigen wissenschaftlichen Untersuchungen aus der Schweiz belegt werden, die den Effekt von Sauberkeitserziehung im historischen Vergleich aufzeigen konnten[6, 7].

Bei diesen Studien wurden im Langzeitverlauf Kinder, die in den 50er Jahren geboren wurden, mit Kindern der 70er Jahre verglichen.

In den 50er Jahren (in der ersten Studie) wurde sehr viel früher mit dem Sauberkeitstraining begonnen. Man kann es möglicherweise den Müttern nicht verübeln. Zu der Zeit gab es noch keine Wegwerfwindeln, sondern – man kann es sich kaum noch vorstellen – ausschließlich Stoffwindeln. Auch hatten viele Haushalte noch keine Waschmaschine, so daß das lästige Geschäft des Windelwaschens mit der Hand erfolgte. Zusätzlich spielten Sauberkeit, Reinheit und frühe (Trieb-)Kontrolle als Erziehungsideal eine größere Rolle. Unabhängig von den Gründen, hatten drei Prozent der Eltern das Toilettentraining schon im Alter von einem Monat (!) begonnen: Babys wurden «abgehalten» oder auf ein Töpfchen gesetzt, obwohl sie noch gar nicht frei sitzen konnten. Praktisch alle Familien – 96 Prozent genau – hatten bis zum Alter von 12 Monaten mit einem aktiven Training begonnen (im Durchschnitt mit sieben Monaten).

1975 (in der zweiten Studie) dagegen hatte sich das Erziehungsverhalten der Eltern deutlich gewandelt. Mit Sicherheit spielen Wegwerfwindeln eine große Rolle, die eine erhebliche Entlastung im Alltag bedeuteten. Aber auch die allgemeine Erziehungseinstellung hatte sich gewandelt: frühes Trockenwerden war nicht mehr so ein entscheidendes Ziel, durch vermehrtes Wissen über kindliche Entwicklung konnte man gelassener zuwarten und dem Kind seine Zeit lassen. So hatten die meisten Mütter erst im Alter von 19 bis 21 Monaten (im Durchschnitt) mit einem Training begonnen.

Die Ergebnisse der beiden Studien waren erstaunlich. Im Verlauf unterschied sich das *Alter der endgültigen Trockenheit nachts* nicht zwischen den Studien. Das Alter des Trainingsbeginns hatte keinerlei Effekt auf das Alter der endgültigen Trockenheit.

Tags wurde eine kleine Gruppe durch intensive mütterliche Aufforderung in den 50er Jahren mit 18 bis 24 Monaten schneller trocken, mit 36 Monaten waren jedoch mehr Kinder der zweiten Studie trocken[6]. Bis zum Alter von 60 Monaten (fünf Jahre) hatten sich alle Unterschiede ausgeglichen. In anderen Worten: frühes Training bewirkt bei einigen Kindern nur einen kurzfristigen Effekt, der rasch bis drei Jahren aufgeholt und sogar übertroffen wird von Kindern, die eine gewährendere Erziehungshaltung genossen hatten.

Die Folgerungen der Untersuchungen sind demnach, daß «frühzeitiges und intensives Training die Entwicklung der Blasenkontrolle nur unwesentlich beeinflussen kann» – d. h. biologisch-genetische Faktoren hierbei die wesentlichsten sind[7]. Heutzutage liegt der mittlere Beginn des Sauberkeitstrainings (Übergang von Windeln zu Unterhosen) bei 2,4 Jahren[8].

Bei der *Entwicklung der Stuhlkontrolle* ist der Verlauf dagegen etwas anders. Die Intensität und der Beginn des elterlichen Sauberkeitstrainings hatte hierbei anfänglich einen deutlichen Effekt: Kinder wurden tatsächlich früher sauber. Doch auch diese Fortschritte waren nicht von langer Dauer. Die Kinder erlitten in den 50er Jahren häufig einen Rückfall zwischen dem ersten und zweiten Lebensjahr. Bis zum fünften Lebensjahr fanden sich wieder keinerlei Unterschiede zwischen den Kindern der 50er und 70er Jahre. In anderen Worten: auch der Beginn und die Intensität der Sauberkeitserziehung hat bis zum Alter von fünf Jahren keine Auswirkung auf die Häufigkeit des Einkotens, bzw. der Stuhlkontrolle[6].

Wie sollte das Sauberkeitstraining erfolgen?

Jedes Kind scheint beim Trocken- (und Sauber-) werden über einen eigenen, biologisch determinierten zeitlichen Ablauf zu verfügen, der durch ein Sauberkeitstraining nur unwesentlich beeinflußt werden kann.

Das Fazit ist, daß frühes Training zwar kurzfristige Veränderungen und sehr viel mehr Streß und Druck in den Familien auslösen kann, jedoch keinen Einfluß hat auf die für jedes Kind eigene Zeit des Trockenwerdens. Deshalb ist es wichtig, jedem Kind Zeit zu lassen und die Signale des Kindes zu unterstützen, wenn es zum Beispiel aufs Töpfchen will. Dabei sollten beide Aspekte der willkürlichen Kontrolle als gleichwertig unterstützt werden: der Beginn des Wasserlassens und das Hinauszögern in sozial unangemessenen Situationen. Die Aufgabe der Eltern ist es, die Signale des Kindes, aufs Töpfchen zu wollen, sensibel wahrzunehmen und spielerisch zu unterstützen.

Die erwähnten Schweizer Studien konnten ferner im Hinblick auf diese Sensibilität zeigen, daß in den 50er Jahren die Eltern viele Monate, bzw. sogar Jahre vor den ersten Signalen des Kindes mit ihrem Training begonnen hatten[6]. In den 70er Jahren fand sich dagegen eine erstaunlich gute Übereinstimmung zwischen den Signalen des Kindes und dem elterlichen Eingehen auf diese Signale.

Nicht sinnvoll ist es also, ein Kind früh und unter Druck zum Trockenwerden zu zwingen, da dies nur den Streß in der Familie erhöht und ansonsten keine positiven Auswirkungen hat. Andererseits ist das Gegenteil auch wenig sinnvoll, nämlich keinerlei Anforderungen an die Kinder zu stellen und die aktiven Signale des Kindes zu übergehen. So gibt es Untersuchungen, die zeigen, daß eine allzu gewährende Haltung, die die Kinder womöglich in ihrer Entwicklung hemmt, häufiger zu Einkotproblemen führt. Eine Risikogruppe hierbei sind z. B. Kinder, die sich angewöhnen, ihren Stuhl nur in die Windel, aber nicht auf der Toilette abzusetzen[9].

Welche langfristigen Auswirkungen
hat ein zu frühes Sauberkeitstraining?

In manchen älteren psychoanalytisch geprägten Untersuchungen wurde immer wieder behauptet, eine zu frühe Sauberkeitserziehung sei die Ursache für das Einnässen. Dies ist in der Form bestimmt nicht richtig.

Erwiesen ist, daß jedes Kind seine Zeit und seine eigene Entwicklung bezüglich Trockenheit und Sauberkeit durchläuft – unabhängig von dem, was Eltern tun oder nicht tun. Am günstigsten ist sicherlich eine spielerische Abstimmung zwischen Eltern und Kind – wenn dies erreicht wird, ist der genaue Zeitpunkt weniger wichtig.

Unbestritten kann es nicht sinnvoll sein, von einem Kind etwas zu verlangen, zu dem es allein aufgrund der körperlichen Entwicklung noch gar nicht fähig ist. Dies wird unnötigen Druck und Streß in den Familien bewirken. Ob dies allerdings zu einem späteren Zeitpunkt häufiger zum Einnässen führt, ist durch Untersuchungen bisher nicht geklärt.

Aus der klinischen Erfahrung mit Patienten wird berichtet, daß gerade Kinder, die auf die üblichen Behandlungsmaßnahmen nicht ansprechen, eine frühere und emotional angespannte Sauberkeitskontrolle erfahren hatten. Diese rückblickenden Angaben von Eltern und Kindern sind erfahrungsgemäß relativ ungenau. Sie sind deshalb nur bedingt verallgemeinerbar.

3. Die verschiedenen Varianten und Erscheinungsformen des Bettnässens

3.1. Das reine (isolierte) Bettnässen

In den letzten Jahren hat sich zusätzlich (zu den offiziellen Definitionen der Diagnosemanuale) der Begriff des reinen Bettnässens (isolierte oder monosymptomatische Enuresis nocturna) als sehr nützlich erwiesen. Was versteht man darunter?

Es handelt sich um die häufigste Form des nächtlichen Einnässens, bei der die Blase völlig normal ist. In anderen Worten, die Funktion der Blase ist weder am Tag noch in der Nacht gestört. Sie läßt sich ohne Probleme füllen, kann den Urin eine Zeitlang halten und anschließend ohne jegliche Auffälligkeiten entleeren.

Im Prinzip kommt es hierbei nur zu einem Einnässen am falschen Ort und zur falschen Zeit. Deshalb wurde diese häufigste Form des Bettnässens auch als «monosymptomatisch» bezeichnet. Gerade bei dieser Form sind Untersuchungen der Blase aber sinnlos. Auch ein Blasentraining, das von manchen Ärzten noch empfohlen wird, kann hier nichts bewirken, da es sich nicht um ein Problem der Blase handelt.

In Fällen hingegen, bei denen sich Zeichen einer Blasenfunktionsstörung finden, spricht man von einer «funktionellen Harninkontinenz» oder – nicht ganz glücklich gewählt – von einer «nicht-monosymptomatischen» (oder nicht isolierten) Enuresis nocturna. Diese Unterscheidung ist sehr wichtig, da eine erfolgreiche Behandlung völlig anders geplant werden muß. Darauf werden wir noch zurückkommen.

Was ist typisch für das reine (isolierte) nächtliche Einnässen?

Zunächst nässen die Kinder nur nachts ein, tagsüber sind sie vollkommen trocken. Auch koten sie nicht ein. Falls ein Kind also zusätzlich tags einnäßt oder einkotet, kann es sich mit Sicherheit nicht um eine isolierte Form handeln.

Ganz entscheidend ist, daß Kinder tagsüber nicht häufiger oder seltener Wasser lassen, als es für ihre Altersgruppe normal ist: für ein Kind im Schulalter fünf- bis siebenmal pro Tag. Es hat auch keinen plötzlichen Harndrang, es hält den Urin nicht zurück und kann seine Blase ohne Pressen entleeren. Falls solche Probleme beobachtet werden, handelt es sich ebenfalls nicht um ein isoliertes nächtliches Einnässen. Diese besonderen anderen Formen werden im Kapitel 4 ausführlich besprochen.

Tiefer Schlaf

Viele Eltern beschreiben, daß die betroffenen Kinder tief schlafen und schwer geweckt werden können. Manche Eltern meinen, daß sie neben dem Bett sogar «eine Kanone zünden» könnten, ohne daß ihr Kind darauf reagiert. Auch nach Weckversuchen verharrt das Kind häufig in einem Tiefschlaf.

Diese elterlichen Beobachtungen wurden in letzter Zeit durch wissenschaftliche Untersuchungen bestätigt. So konnten in genau standardisierten Weckversuchen mit Lautstärken bis zu 120 Dezibel (dies entspricht der Lautstärke von Düsenflugzeugen) nur neun Prozent der einnässenden Kinder geweckt werden – sehr viel weniger als vergleichbare nicht-einnässende Kinder der gleichen Altersgruppe[10]. Im Zusammenhang mit der Störung bedeutet das: die Kinder reagieren nicht, wenn ihre Blase nachts voll ist, sondern schlafen weiter, so daß der Urin sich ins Bett entleert.

Vermehrte Urinbildung

Ferner bilden Kinder mit reinem nächtlichen Einnässen im Vergleich zu nicht-einnässenden Kindern vermehrt Urin[11]. Die Urinmengen sind bei einzelnen Kindern bis zu viermal größer als es das normale Faßvermögen der Blase erlauben würde und sind nicht durch große Trinkmengen bedingt. Dieses Phänomen bezeichnet man als «Polyurie» und konnte in vielen Untersuchungen gezeigt werden. Doch nicht alle Kinder bilden so viel Urin: es gibt Subgruppen mit und solche ohne Polyurie.

Doch woher kommen diese großen Urinmengen? Die Zusammenhänge sind komplex und lassen sich vereinfacht so zusammenfassen: Die Anhangsdrüse (Hypophyse) des Gehirns bildet das Hormon ADH (Anti-Diuretisches-Hormon). Das Hormon hält die Körperflüssigkeit zurück, so daß weniger Urin gebildet wird. Bei nicht-einnässenden Kindern unterliegt dieses Hormon einem Tag-Nacht-Rhythmus. Dabei wird tags weniger Hormon gebildet, so daß tags mehr Urin gebildet wird. Nachts ist die Ausschüttung höher, so daß die Urinproduktion gedrosselt wird.

Bei manchen Kindern mit einem reinen nächtlichen Einnässen ist diese typische Tag-Nacht-Rhythmik aufgehoben: die Hormonausschüttung ist tags und nachts ungefähr gleich. Dies bedeutet, daß die einnässenden Kinder zwar insgesamt keinen Hormonmangel haben, aber relativ zu nicht-einnässenden Kinder eben nachts weniger Hormon und dafür sehr viel mehr Urin bilden.

Diese beiden Aspekte (viel Urin nachts und tiefer Schlaf) verstärken sich bei Kindern mit Einnässen in ungünstiger Weise. Einerseits ist die Blase maximal gefüllt durch die großen Urinmengen, andererseits wird dieses nicht – wie bei anderen Kindern – mit einem Aufwachen beantwortet. Mit anderen Worten, die Kinder schlafen so tief, daß sie den Füllungspunkt der Blase nicht wahrnehmen und es dadurch zum Einnässen kommt. Der Schlaf ist so tief, daß sie weiterschlafen und erst am Morgen aufwachen und wahrnehmen, daß das Bett wieder naß ist.

Inzwischen weiß man, daß dieses Phänomen durch Erbfaktoren (genetisch) bedingt ist. Das heißt, daß das nächtliche Einnässen tatsächlich eine anlagebedingte Störung darstellt, die am ehesten als eine «Reifungsverzögerung» umschrieben werden könnte. Für viele Eltern und Kinder ist dieses Wissen neu. Die meisten reagieren enorm erleichtert, wenn sie dies zum erstenmal hören, da viele Eltern Schuldgefühle haben, daß sie etwas falsch gemacht haben könnten. Das isolierte nächtliche Einnässen ist damit Ausdruck von Anlagefaktoren und hat sehr wenig damit zu tun, wie Eltern in der frühen Kindheit mit ihren Kindern umgegangen sind. Dies gilt besonders für das sogenannte «primäre Einnässen».

Im Prinzip müssen für jedes nächtliche Einnässen zwei
Aspekte bedacht werden, die sich nicht ausschließen: 1. Handelt es

sich um ein isoliertes oder um ein nicht-isoliertes Einnässen? Und 2. Handelt es sich um ein primäres oder um ein sekundäres Einnässen?

3.2. Primäres und sekundäres Bettnässen – noch nie trocken und zwischendurch trocken

Was heißt primäres Bettnässen?

Wenn ein Kind noch nie über einen längeren Zeitraum trocken gewesen ist – aus welchem Grund auch immer –, wird dies als «primäres Bettnässen» bezeichnet. Üblicherweise wird zur Definition ein Zeitraum von weniger als sechs Monaten gewählt. Manchmal findet man auch andere Definitionen, wie z. B. von einem, drei oder zwölf Monaten.

Wenn man die übliche Definition von sechs Monaten zugrundelegt, würde man bei einem Kind, das schon einmal fünf Monate lang trocken gewesen ist und wieder einnäßt, von einem primären Einnässen sprechen, wäre es jedoch sieben Monate lang trocken gewesen, von einem sekundären Einnässen.

Wie in einem späteren Kapitel ausgeführt, zeigen nur wenige Kinder mit einem primären Einnässen Verhaltensauffälligkeiten – die meisten sind psychisch völlig unauffällig, wie an dem folgenden Beispiel ersichtlich.

Hier ein Beispiel für das primäre isolierte Bettnässen.

Beispiel 1:
Primäres isoliertes Bettnässen

Nico ist ein 11 jähriger Junge, der wegen einer nächtlichen Einnäßproblematik in der Sprechstunde vorgestellt wurde. Er näßt jede Nacht ein, war bisher maximal 3 Wochen trocken gewesen. Er schläft tief, ist schwer erweckbar, die Einnäßmengen sind groß. Er leidet sehr unter dem Einnässen und macht sich große Sorgen darüber, ob er mit seiner Jugendgruppe im Sommer eine Fahrt machen kann.

Tags war er mit 3 Jahren trocken gewesen, hat nie tags eingenäßt oder eingekotet. Auch traten keine Blasenentzündungen auf. Es finden sich keine Hinweise auf Blasenstörungen. Er wurde bei einem Kinderurologen untersucht. Eine homöopathische Behandlung war ohne Erfolg. Mit einem Klingelgerät war er für 3 Wochen trocken, bevor er einen Rückfall erlitt.

Seine bisherige Entwicklung ist völlig altersentsprechend. Er besucht die 6. Klasse Realschule mit sehr guten Leistungen. Er zeigt vielseitige Freizeitinteressen und hat einen großen Freundeskreis. Außer dem Einnässen, das ihn sehr traurig stimmt, liegen keine weiteren Probleme vor. In seiner Familie hatte ein Onkel väterlicherseits eingenäßt.

Nico wurde nochmals untersucht, die Ultraschall und Harnflußmessungen waren unauffällig. Da er kurz vorher jene Behandlung mit dem Klingelgerät über 6 Monate durchgeführt hatte (dies ist viel länger, als es empfohlen wird), war er wenig motiviert, dies noch mal zu versuchen. Statt dessen wurde eine Behandlung mit einem Medikament (Desmopressin – Minirin) durchgeführt. Er wurde darunter trocken, was ihn sehr entlastete. Da er nach dem Absetzen erneut einnäßte, wurde ein zweiter Behandlungsversuch mit einem Klingelgerät durchgeführt – diesmal mit einem Bettgerät statt einem tragbaren Gerät. Mit neu gewonnener Motivation (er hatte unter dem Medikament erlebt, daß er trocken sein kann) war dieser Versuch erfolgreich – er wurde nach wenigen Wochen trocken.

Was heißt sekundäres Einnässen?

Sekundäres Bettnässen bedeutet, daß ein Kind irgendwann – entweder spontan oder durch Behandlung – schon länger als sechs Monate trocken gewesen ist. Die Unterscheidung von primärem und sekundärem Einnässen ist wichtig, wie weiter unten ausgeführt wird. Während Kinder mit einem primären Bettnässen, also Kinder, die noch nie trocken waren, selten verhaltensauffällig sind, haben Kinder mit einem Rückfall sehr viel häufiger Ängste, Kontaktschwierigkeiten und depressive Zeichen, d. h. sie sind unglücklich, zeigen wenig Freude und Antrieb.

Auch weiß man, daß der Rückfall ausgelöst werden kann durch belastende Lebensereignisse wie Umzug, Geburt von Geschwistern, Umschulung und vor allem durch Trennung und Scheidung der Eltern. Dennoch ist das sekundäre Einnässen nicht durch diese Faktoren verursacht – sie dienen nur als Auslöser.

Die Zusammenhänge kann man sich folgendermaßen vorstellen. Die *Ursache* für beide Formen – das primäre und das sekundäre Einnässen – sind genetische (Erb-) Faktoren. Die genetische (Erb-) Belastung ist bei beiden Formen gleich groß und unterscheidet sich nicht. Bei den Kindern mit primärem Einnässen führt diese dazu, daß sie (über die erschwerte Erweckbarkeit plus vermehrter Urinbildung) später trocken werden als ihre Altersgenossen. Die Kinder mit sekundärem Einnässen werden auch später trocken, behalten aber durch die Erbfaktoren eine Neigung bei, bei Belastungen mit einem Wiedereinnässen zu reagieren. Die belastenden Lebensereignisse wirken als *Auslöser,* aber nicht als Ursachen. Wenn ein Rückfall aufgetreten ist, können durch den erlebten Leidensdruck Verhaltensauffälligkeiten verstärkt werden, die wiederum in einem Teufelskreis verhindern, daß das Kind schnell wieder trocken wird.

Es soll zur Verdeutlichung ein typisches Beispiel für sekundäres Bettnässen folgen.

Beispiel 2:

Sekundäres (isoliertes) Bettnässen;

emotionale Störung mit Trennungsangst

Patrick, ein sechsjähriger Junge, näßt fünf bis sechs Mal pro Woche ein, die Urinmengen sind groß, er trägt Pampers und schläft so tief, daß er kaum geweckt werden kann. Im Alter von drei bis vier Jahren war er schon einmal über eine Dauer von sechs bis acht Monaten trocken gewesen, seither näßt er ohne erkennbare Auslöser kontinuierlich ein. Tags war er im Alter von zwei Jahren sauber und mit zwei Jahren trocken. Außer Kalenderführung (sogenannte Sonne- und Wolken-Kalender) sind bisher keine weiteren Behandlungsversuche unternommen worden.

Als weiteres Problem wird berichtet, daß Patrick introvertiert sei und alles «in sich hineinfresse». Auch bei Freunden sei er schüchtern, bei Fremden verstecke er sich, schaue weg und halte sich die Ohren zu. Auch im Kindergarten verhalte er sich ängstlich und weinte, sobald seine Mutter nach Hause gehen wollte, so daß sie ein halbes Jahr lang bei ihm gesessen hätte. Er besucht die erste Klasse gerne, sei jedoch immer so aufgeregt, daß er in der Schule nicht frühstücken könne.

In seiner bisherigen Entwicklung fiel auf, daß er bis zum Alter von zwei Jahren nicht durchschlafen konnte, sondern nachts aufwachte und weinte. Beim Sprechen zeigte er ein leichtes Lispeln, wegen einer Schiefhaltung der Wirbelsäule wurde er krankengymnastisch behandelt. Patrick hat einen 10jährigen Bruder, mit dem er sich viel zankt. Die Beziehung zur Mutter sei sehr eng. Mit dem Vater verbindet ihn das Fußballspielen, da der Vater auch als Trainer in seinem Verein tätig ist. In der Familie hatten mehrere Angehörige eingenäßt.

Die Untersuchungsbefunde waren alle unauffällig. Es fiel nur auf, daß sich Patrick bei der kinderärztlichen Untersuchung völlig verweigerte und bei den Testuntersuchungen, die eine durchschnittliche Intelligenz ergaben, ein sehr schüchternes Verhalten aufwies.

Bei Patrick lag einerseits ein sekundäres nächtliches Einnässen ohne Hinweise auf eine Störung der Blasenfunktion vor. Es wurde deshalb eine Behandlung mit einem tragbaren Klingelgerät durchgeführt, unter der er nach wenigen Wochen vollkommen trocken wurde.

Darüber hinaus wurde deutlich, daß Patrick neben der Behandlung des Einnässens selbst weitergehende Hilfe benötigte. Er zeigte sich einerseits ängstlich, schüchtern und zurückhaltend, und reagierte schon als Kleinkind mit ausgeprägten Ängsten, wenn seine Mutter nicht da war; andererseits verweigerte er sich heftig, wenn er etwas nicht wollte, wie zum Beispiel die Untersuchungen, die alle nicht schmerzhaft waren.

Patricks Problematik wird offiziell als «Emotionale Störung mit Trennungsangst» bezeichnet. Emotionale Störungen sind Ausdruck von inneren Konflikten, sind im Kindesalter sehr häufig und können sich unter entsprechender Behandlung gut zurückbilden. Sie wurden früher als kindliche «Neurosen» bezeichnet, wobei sich der Begriff «emotionale Störung» einfach weniger gravierend und neutraler anhört. Bei den Trennungsängsten ist eine enge Mutter-Kind-Beziehung typisch, mit deutlichen Problemen beiderseits, sich aus dieser Enge zu lösen. Möglicherweise waren die Durchschlafstörungen Ausdruck dieser Problematik, die Trennungsängste im Kindergarten mit Sicherheit – nur selten bleiben Mütter ein halbes Jahr im Kindergarten – man wundert sich, daß die Kindergärtnerinnen dies zugelassen haben!

Bei einer so langandauernden Beziehungsproblematik ist natürlich nicht zu erwarten, daß sie sich mit dem Erreichen der Trockenheit zurückbildet. In diesem Fall war eine Psychotherapie unbedingt indiziert: nicht (dies ist unbedingt zu beachten) wegen des Einnässens, das mit dem Klingelgerät optimal behandelt werden konnte, sondern wegen der Trennungsängste. Wegen des jungen Alters ist eine kindgerechte Spieltherapie angezeigt.

Bei einem niedergelassenen Kollegen wurde deshalb eine Spieltherapie einmal wöchentlich begonnen, die sich über fast zwei Jahre hinzog. Auch dort zeigte Patrick zunächst eine sehr zurückhaltende Kontaktaufnahme, schaute den Therapeuten kaum an und verbrachte manche Stunde auf dem Boden liegend in einer Ecke. Er bestand darauf, daß anfänglich die Tür offen blieb und seine Mutter die Praxis nicht verlassen durfte. Im Laufe der Zeit gewann er zunehmend Vertrauen zum Therapeuten, zeigte Interesse an Regelspielen und sogar an Kampfspielen, bei denen Aggressionen ausgedrückt werden konnten. Im Kontakt zu anderen wurde er zunehmend offener und weniger ängstlich.

Bei Spieltherapien finden immer begleitende Elterngespräche statt. Im Verlauf dieser konnte die Mutter äußern, daß sie schon lange die Ehe verlassen wollte, da sie und ihr Mann sich «auseinandergelebt» hätten. Es wurde versucht, die Probleme zu bearbeiten, aber an der Entscheidung der Trennung hielten beide Eltern fest. Zu beiden Eltern hatte Patrick eine gute Beziehung, die auch in dieser schwierigen Zeit nicht abbrach. In der Therapie wurde er gestützt und konnte seine Trauer im Spiel bearbeiten.

In diesem letzten Fall wird deutlich, daß bei manchen Kindern (sehr viel häufiger bei Kindern mit einem sekundären Einnässen) weitergehende Spiel-, oder wenn sie älter sind, auch Gesprächstherapien notwendig sind. Die Therapie sollte nie wegen des Einnässens an sich erfolgen, denn dafür gibt es sehr wirksame andere Behandlungsmethoden, wie in einem späteren Kapitel ausgeführt wird, sondern immer wegen der psychischen Problematik – wenn sie so ausgeprägt ist wie bei Patrick.

Leider mußten wir immer wieder erleben, daß manche Kinder (wie Nico – Beispiel 1) über Jahre mit einer Spieltherapie wegen des Einnässens behandelt wurden – ohne daß sich etwas änderte. Nach wenigen Wochen mit einem Klingelgerät waren die Kinder trocken und entsprechend erleichtert.

3.3. Nicht-isoliertes Bettnässen und kombiniertes Einnässen tags und nachts – komplizierte Verlaufsformen

Nicht-isoliertes Bettnässen und Einnässen am Tag: Hinweise auf Störungen der Blasenfunktion

Im 3. Kapitel wurden die typischen Aspekte des isolierten Einnässens (ob primär oder sekundär) dargestellt. Näßt ihr Kind nur nachts ein, geht es fünf- bis siebenmal tags auf die Toilette und verläuft das Wasserlassen ohne weitere Probleme? Dann hat es mit hoher Wahrscheinlichkeit ein isoliertes Bettnässen und Sie könnten dieses Kapitel überspringen.

Wenn Sie bei Ihrem Kind jedoch eines der folgenden Zeichen wiedererkennen, so sollten Sie die Ausführungen genau durchlesen: seltenes (unter fünfmal pro Tag) oder häufiges (über siebenmal pro Tag) Wasserlassen; plötzlicher Harndrang; Hinauszögern des Toilettenganges; Pressen beim Wasserlassen und unterbrochener Harnstrahl; Einkoten. Das sind alles Merkmale, die auf besondere Formen des Einnässens hinweisen.

Was ist nicht-isoliertes Bettnässen?

Im Gegensatz zu dem reinen (isolierten) Bettnässen, nässen manche Kinder zwar *nur nachts* ein, weisen aber tags Besonderheiten bezüglich der Blasenfunktion auf. Die Blase kann ähnliche Auffälligkeiten während der Speicherung oder Entleerung zeigen, genauso wie bei Kindern, die auch tags einnässen. Dies bezeichnet man als nicht-isoliertes (oder nicht-monosymptomatisches) Bettnässen.

Einnässen tags oder kombiniertes Einnässen tags und nachts

Darüber hinaus können Kinder *nur tags* einnässen oder *sowohl tags und nachts*. Egal, ob mit oder ohne Einnässen nachts oder tags, gilt es diese besonderen Einnäßformen zu erkennen, da sie auf eine Störung der Blasenfunktion hinweisen (im Gegensatz zum isolierten Einnässen, bei dem die Blase völlig normal funktioniert). Diese Blasenauffälligkeiten tags müssen immer zuerst behandelt werden – da das nächtliche Einnässen eine Folge dieser Störungen sein kann und sich die Komplikationen eher verstärken als vermindern können.

Um es noch komplizierter zu machen, gibt es mehrere verschiedene Formen der Blasenstörungen tags, was sehr verwirrend sein kann. Für die Behandlung ist es jedoch wichtig, die verschiedenen Möglichkeiten auseinanderzuhalten. Im Rahmen dieses Buches werden die wichtigsten Aspekte kurz und einfach dargestellt – soweit sie für das nicht-isolierte Bettnässen relevant sind.

Um sich weiter zu informieren, darf auf das Buch «Einnässen: Erscheinungsformen – Diagnostik –Therapie» des Autors verwiesen werden[12].

Was sollte untersucht werden?

Falls Ihr Kind also Hinweise auf eine kompliziertere Verlaufsform des Bettnässens – ob mit oder ohne Einnässen am Tag – zeigt, erfordert dieses eine intensivere medizinische Abklärung als bei dem reinen (isolierten) Bettnässen. In diesen Fällen finden sich nämlich häufiger medizinische Komplikationen. Es genügt also unter keinen Umständen, sich ohne medizinische Abklärung in psychologische Behandlung zu begeben.

Harnwegsinfekte

Eine wichtige Komplikation sind begleitende *Harnwegsinfekte*. Man unterscheidet richtige Harnwegsinfekte mit Symptomen wie Brennen beim Wasserlassen und Schmerzen. Falls Fieber und Schmerzen in der Nierengegend (am Rücken) beobachtet werden, ist dies ein absolutes Warnsignal, da dieses auf eine *Nierenbeckenentzündung* hinweisen kann.

Die richtigen Harnwegsinfekte erfordern eine kurzfristige Behandlung mit *Antibiotika*, um eine mögliche Schädigung der Nieren zu vermeiden. Davor sollte immer eine Urinuntersuchung mit *Keimbestimmung* durchgeführt werden, um zu sehen, welche Keime für die Infektion verantwortlich sind und auf welche Antibiotika sie empfindlich sind. Dies kann nicht mehr nachgewiesen werden, wenn einmal mit den Medikamenten (Antibiotika) begonnen wurde.

Wenn diese Infekte häufig auftreten, kann auch eine längerfristige Gabe von Antibiotika sinnvoll sein, um neue Infekte, die auch die Nieren schädigen können, zu vermeiden. Dies wird als *Reinfektionsprophylaxe* oder antibiotische Prophylaxe bezeichnet und stellt eine vorbeugende Maßnahme dar. Die Dosierung der Antibiotika ist sehr viel niedriger, dafür müssen sie regelmäßig jeden Tag genommen werden. Diese Untersuchungen und die Überwachung der Therapie können alle bei Ihrem Kinderarzt durchgeführt werden.

Daneben gibt es auch Harnwegsinfekte ohne diese typischen Zeichen (sogenannte «*asymptomatische*» *Harnwegsinfekte*). Die Kinder gehen etwas häufiger auf die Toilette und nässen ein, im Urin findet man Bakterien, die anderen Krankheitszeichen fehlen jedoch. Inzwischen ist man bei den asymptomatischen Harnwegsinfekten (Bakteriurien) mit der Behandlung von Antibiotika zurückhaltend, um nicht Bakterienstämme anzuzüchten, die gegenüber Antibiotika resistent sind.

In jedem Fall erfordert allein der Verdacht auf einen Harnwegsinfekt eine kinderärztliche Abklärung.

Anlagestörungen und Refluxe

Auch anlagebedingte oder erworbene Störungen des Harntraktes findet man häufiger bei den Kindern, die tags einnässen. Ein Problem sind zum Beispiel Klappen oder Verengungen der Harnröhre. Dadurch kann sich die Blase nicht ordnungsgemäß entleeren,

Resturin: Blasenleerungen

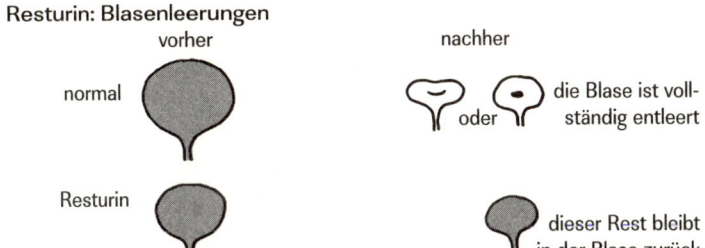

sondern braucht sehr viel länger. Wegen des kleineren Durchmessers der Harnröhre ist die Flußgeschwindigkeit langsamer und die Blase muß hohen Druck aufwenden.

Ein anderes Problem sind die sogenannten «vesikoureteralen Refluxe». Darunter versteht man eine Störung, bei der während der Blasenentleerung der Urin aus der Blase über die Harnleiter zurück in die Nieren fließt. Dies sollte natürlich nicht der Fall sein und kann, vor allem bei den schwereren Formen, zu Nierenbeckenentzündungen und anderen Erkrankungen der Niere führen. Auch aus diesem Grund ist eine kinderärztliche Abklärung sehr wichtig.

Reflux: Gefahr für die Nieren

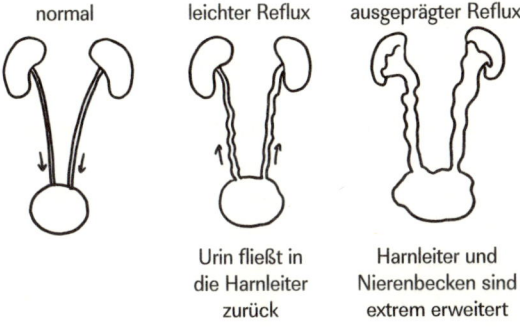

Beide Probleme können nur mit speziellen Röntgenuntersuchungen festgestellt werden. Eine Ultraschalluntersuchung ist wichtig und kann Verdachtsmomente liefern, aber Ihr Kinderarzt muß letztendlich entscheiden, wann – in diesen seltenen Fällen – weitergehende Untersuchungen z. B. bei einem Röntgenfacharzt **43**

oder einem Kinderurologen (Facharzt für den Harntrakt) erforderlich sind.

Einkoten (Enkopresis)

Es ist durchaus nicht selten, daß Kinder, die tags einnässen, auch einkoten (Fachausdruck: *Enkopresis*). Darunter wird ein unwillkürliches Absetzen von Stuhlgang an sozial nicht dafür vorgesehenen Stellen ab einem Alter von vier Jahren nach Ausschluß von medizinischen Ursachen verstanden. Das Einkoten ist sehr viel seltener als das Einnässen, aber betrifft immerhin 1,5 Prozent der sieben- bis achtjährigen Kinder. Es ist sehr viel häufiger bei Jungen und tritt fast ausschließlich tagsüber ein.

Es können zwei verschiedene Formen des Einkotens unterschieden werden: Einkoten mit und ohne *Verstopfung*.

Einkoten mit Verstopfung

Kinder mit *Einkoten mit Verstopfung* haben seltenen Stuhlgang, setzen dann große Mengen, z. T. harten Stuhls überwiegend tags, aber auch (selten) nachts ab. Sie geben Schmerzen beim Stuhlgang, wie auch allgemeine Bauchschmerzen an. Bei der körperlichen Untersuchung sind Kotballen durch die Bauchhaut hindurch zu tasten (Skybala). Der Appetit ist bei 40 Prozent der Kinder reduziert. Abführende Maßnahmen sind wirksam. Sie nässen tags, aber vor allem nachts häufiger ein. Ca. 40 Prozent zeigen deutliche Verhaltensauffälligkeiten[13].

Die Verstopfung beginnt oft schon im Kleinkind-, zum Teil auch Säuglingsalter und kann durch eine Vielzahl von psychischen und somatischen Faktoren ausgelöst werden. Kinder lernen nach solchen Auslösern, den Stuhl zurückzuhalten und daraus entwickelt sich eine Gewohnheit, die über Jahre beibehalten werden kann[14].

Der wichtigste Auslöser ist der schmerzhafte Stuhlgang, z. B. nach Hautentzündungen oder kleinen Schleimhautrissen im Popobereich, sogenannte Rhagaden. In einer Untersuchung konnten solche Schmerzen bei 60 Prozent der Kinder mit Verstopfung nachgewiesen werden[15]. Aber auch *belastende Lebensereignisse* wie Geburt von Geschwistern und verspätetes Stuhltraining durch Eltern sind mögliche Auslöser für eine Retention. Eine besondere Risikogruppe sind Kleinkinder, die darauf bestehen, ihren Stuhl nur in *Windeln* abzusetzten, aber sich hartnäckig weigern, auf die Toilette zu gehen. Auch diese Kinder entwickeln häufiger Einkoten mit Verstopfung[9].

Aus einer vorübergehenden Verweigerung kann sich ein Teufelskreis entwickeln: der Stuhl wird immer weiter zurückgehalten, die Verstopfung nimmt immer mehr zu, und der Dickdarm erweitert sich z. T. extrem. Im weiteren Verlauf läßt die Empfindung im Darmbereich nach, d. h. die Kinder nehmen nicht mehr wahr, wann der Darm gefüllt ist. Auch die Weiterbewegung des Stuhls (Peristaltik) im Dickdarmbereich läßt nach, harte Stuhlmassen sammeln sich an, der Darm weitet sich aus, was wiederum zu einer Verminderung von Wahrnehmung führt, usw.[14] Neuer Stuhl rückt zwischen den alten Stuhlmassen nach und kann zum Einkoten führen. Heftige Auseinandersetzungen in der Familie sind oft die Folge, da die Kinder immer wieder ermahnt werden, auf die Toilette zu gehen, aber sich weigern. Auch andere Verhaltensprobleme sind häufiger, ebenso wie niedriges Selbstwertgefühl dieser Kinder.

Einkoten mit Verstopfung

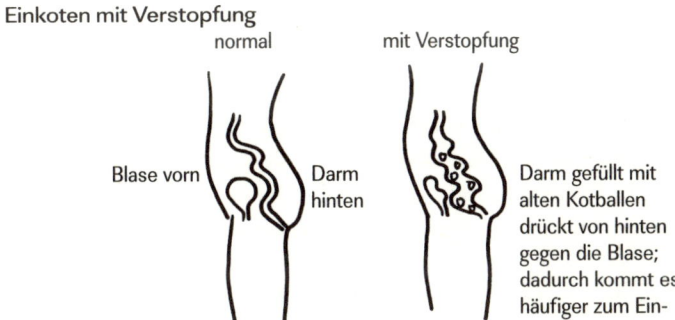

normal — mit Verstopfung

Blase vorn — Darm hinten

Darm gefüllt mit alten Kotballen drückt von hinten gegen die Blase; dadurch kommt es häufiger zum Einnässen

Beim Einkoten mit Verstopfung ist nicht etwa, wie häufig spontan von Eltern angenommen wird, der Darmausgang «undicht», sondern es handelt sich um ein Problem des Zurückhaltens von Stuhl.

Einkoten ohne Verstopfung
Kinder, bei denen ein Einkoten *ohne Verstopfung* (auch *isolierte Enkopresis*) vorliegt, haben täglich normal geformten Stuhlgang und

45

koten seltener, aber fast ausschließlich tags ein. Sie verspüren kaum Schmerzen, Kotballen sind nicht tastbar und ihr Appetit ist gut. Eine Behandlung mit Abführmitteln kann sogar eine Verschlechterung bewirken. Sie nässen seltener ein. Auch bei dieser Form zeigen 44 Prozent deutliche Verhaltensauffälligkeiten[13]. Die Ursachen dieser Form sind sehr viel schlechter geklärt. Man geht jedoch von überwiegend seelischen Faktoren aus, die in der Psyche des Kindes liegen können, aber häufig auch familiäre Probleme mit einschließen.

Behandlung des Einkotens

Zur Behandlung des Einkotens ist es deshalb wichtig, diese beiden Formen zu unterscheiden. Auf alle Fälle gilt es, mögliche einseitige Eßgewohnheiten (wie Kekse, Nudeln oder sonstige ballaststoffarme Nahrungsmittel) durch eine ausgewogene Diät zu ersetzen. Ferner sollen Eltern mit dem Kind ein regelmäßiges Stuhltraining durchführen. Es wird empfohlen, daß das Kind drei bis vier Mal pro Tag nach den Mahlzeiten 5–15 Minuten entspannt auf der Toilette sitzt mit Fußkontakt zum Boden. Stuhlgang wie auch Einkotepisoden werden in einem Plan vermerkt (siehe Anhang). So wird der Verlauf dokumentiert. Dadurch können Eltern und Kind auch die Fortschritte mitverfolgen und können sich über die Erfolge freuen. Die Mitarbeit des Kindes kann durch kleine Belohnungen verstärkt werden, falls dies notwendig ist. Meistens genügt allerdings das Lob und die positiven Erfolgserlebnisse. Durch diese einfachen Maßnahmen wurden 15 Prozent nach nur einer Beratung innerhalb von 6 Wochen sauber[16].

Falls allerdings Einkoten mit einer *Verstopfung* vorliegt, reichen diese einfachen Mittel nicht aus. Da sich über lange Zeit harte Stuhlmassen im Darm angesammelt haben, sind Abführmittel allein nicht ausreichend. In diesem Fall muß regelmäßig, anfänglich z.B. zwei Mal, später einmal pro Woche ein Klistier (Einlauf; z.B: Practo-Klyss) von den Eltern verabreicht werden, damit die Erweiterung des Darmes sich zurückbildet.

Falls der Stuhl weiterhin sehr hart ist, kann durch einfache Mittel wie Milchzucker die Beschaffenheit des Stuhles weicher gemacht werden. Milchzucker (Lactulose) ist kein Medikament, sondern eine Art von Zucker, der vom Menschen nicht abgebaut werden kann. Er gelangt so in den Dickdarm und zieht sehr viel Wasser in den Darm, wodurch der Stuhl weicher wird. Milchzucker ist in Pulver- oder flüssiger Form im Reformhaus oder in der Apotheke erhältlich. Die notwendigen Mengen richten sich nach der Beschaffenheit des Stuhls: bei hartem Stuhl mehr, bei weichem weniger. Die erforderlichen Mengen liegen im Durchschnitt zwischen dreimal ein Tee- bis dreimal ein Eßlöffel pro Tag, am besten zu den Mahlzeiten (Milchzucker kann auch untergerührt werden). Häufig sind wegen der begleitenden Verhaltensprobleme Beratungen oder sogar Psychotherapien notwendig.

Kombiniertes Einkoten mit Einnässen

Man mag sich wundern, warum in einem Buch über Bettnässen so ausführlich über das Einkoten berichtet wird. Der Grund ist der, daß beides häufig zusammen auftritt und sich gegenseitig verstärken kann – so näßten in einer Untersuchung 29 Prozent der Kinder mit Einkoten tags und 34 Prozent nachts ein[17].

Wie kann man sich die Zusammenhänge erklären? Bei den Kindern mit Einkoten und Verstopfung sammeln sich Kotmassen im Enddarm an, die von hinten gegen die Blase drücken und die Blase in ihren Aufgaben behindern. Zudem ist es nicht möglich, nur Stuhl oder Urin zurückzuhalten, da der Beckenboden eine Einheit darstellt. Das Zurückhalten des einen Ausscheidungsproduktes (Stuhl) führt zum Zurückhalten auch von Urin – mit der Folge, daß sich eine Aufschubstörung (siehe unten) entwickelt. Auch haben einkotende Kinder häufiger Blasenentzündungen, was ebenfalls das Einnässen tags begünstigt. Die Zusammenhänge mit dem nächtlichen Einnässen sind dagegen nicht eindeutig geklärt.

Da das Einkoten und Einnässen sich ungünstig gegenseitig verstärken, konnten manche Untersuchungen zeigen, daß allein die Behandlung des Einkotens mit abführenden Maßnahmen zu einer Besserung des Einnässens führen kann – sowohl tags als auch nachts. Es folgen zwei Beispiele von Kindern mit Bettnässen und Einkoten: das erste mit, das zweite ohne Verstopfung. Bei dem ersten Jungen bildete sich das Einnässen alleine durch die Behandlung des Einkotens zurück.

Beispiel 3:

Sekundäres Einkoten mit Verstopfung;

Aufschubstörung; primäres Bettnässen

Florian, ein 6jähriger Junge, setzt seit zwei Jahren jeden Tag größere Mengen übelriechenden Stuhls in seine Hose ab. Dies geschieht jedoch niemals während der Schule, sondern immer nachmittags, während er mit seiner Mutter zusammen ist, und beim Spielen. Er spürt das Bedürfnis, auf die Toilette zu gehen, hält aber den Stuhl mit Haltemanöver zurück. Bei diesen Gelegenheiten kommt es auch tags zum Einnässen. Nachts war er noch nie trocken gewesen, allerdings hat sich dies nach einiger Zeit etwas gebessert, so daß er nur einmal pro Woche einnäßt.

Ansonsten berichtet die Mutter, daß sie konstant mit Florian in zahlreiche Auseinandersetzungen gerät, er versuche alle Regeln zu umgehen. Auch bei dem Essen gibt es immer Streit, da er häufig das Essen ablehne. Sie fühle sich häufig alleine gelassen mit dem Problem, da ihr Mann beruflich sehr eingespannt und kaum anwesend sei.

Aus der Lebensgeschichte ist zu berichten, daß Florian als Säugling häufig unter «Koliken» und Schreiattacken litt. Er war schon immer das Sorgenkind im Vergleich zu seiner älteren Schwester. Er hatte Schlafstörungen bis zum Alter von zweieinhalb Jahren und begann mit seinem wählerischen Essen seit der Umstellung auf Flaschennahrung mit vier Monaten.

Bei Florian war die Blase maximal gefüllt und entleerte sich auffällig (in der Harnflußuntersuchung). Sie war anschließend nicht leer, d.h. es bildete sich Restharn. Im Ultraschall sah man, daß der Enddarm maximal erweitert war und von hinten gegen die Blase drückte.

Bei Florian lag eindeutig ein Einkoten mit Zurückhalten und Verstopfung vor. Es wurden regelmäßige Toilettenzeiten dreimal pro Tag vereinbart. Zusätzlich wurden zweimal pro Woche Einläufe gegeben. Außerdem sollte er darauf achten, mindestens siebenmal am Tag Wasser zu lassen. Diese vielfältigen Aufgaben wurden von Mutter und Kind alle erfüllt: dabei hörte im Verlauf das Einnässen tags vollständig auf, danach das Einnässen nachts – und nach wenigen Wochen auch das Einkoten. Solange er regelmäßig auf die Toilette ging, war das Problem vollständig gelöst.

Nach einiger Zeit ließ das Engagement nach, und immer wieder kam es zu Einkotepisoden. Nachdem die Toilettengänge mit einem Belohner verstärkt wurden (er durfte danach mit seinem Gameboy spielen), war er wieder sauber. Schließlich kam es nach einem Jahr zu einem kompletten Rückfall und auch zunehmender Essensverweigerung, so daß deutlich wurde, daß Florian eine weitergehende Psychotherapie benötigte. Es wurde deshalb eine Einzelspieltherapie mit begleitenden Elterngesprächen begonnen.

In diesem Fall bildete sich die Einnäßproblematik vollkommen zurück unter einer Behandlung des Einkotens – ohne daß es zu einem Rückfall gekommen war. Florian zeigte schon in der frühen Säuglingszeit einige Entwicklungsauffälligkeiten. Ohne daß ein erkennbarer Auslöser zu eruieren war, ist davon auszugehen, daß er seit dieser Zeit, ähnlich wie er das Essen verweigerte, auch begonnen hat, den Stuhl zurückzuhalten. Die Beziehungsprobleme mit seiner Mutter hatten sich so «hochgeschaukelt», daß deswegen (nicht wegen des Einkotens an sich) eine Spieltherapie notwendig wurde.

Bei dem zweiten Beispiel handelt es sich um ein Einkoten ohne Verstopfung und ein Einnässen, die durch psychische Faktoren (schulische Überforderung) ausgelöst wurden.

Beispiel 4:
Sekundäres Einkoten ohne Verstopfung;
sekundäres Bettnässen; somatoforme Störung;
Intelligenz im Bereich der Lernbehinderung

Michael, ein neunjähriger Junge, war mit vier Jahren nachts komplett trocken gewesen war, begann vor drei Monaten, wieder einzunässen. Die Mengen sind klein, er ist leicht erweckbar, tags geht er vier- bis fünfmal auf die Toilette und hält den Urin auch nicht zurück. Seit der gleichen Zeit kotet er tags auch ein, zur Zeit dreimal pro Woche, vor allem beim Spielen.

Er wiederholt die zweite Klasse freiwillig, hat erhebliche Probleme beim Lernen und wird von seiner Klassenlehrerin ungerecht behandelt. Die hatte eine Sonderschule empfohlen. Vor allem das Lesen falle ihm schwer. In letzter Zeit habe er häufiger Bauchschmerzen vor der Schule.

Ansonsten ist er ein sensibler Junge, eher scheu und zurückhaltend, manchmal sogar unglücklich. Die Mutter ist alleinerziehend.

Die körperlichen Untersuchungen waren alle unauffällig, auch der Enddarm war nicht erweitert. Wegen der Schulprobleme wurde ein Intelligenztest durchgeführt. Dabei zeigte sich, daß er keine spezifische Lese-Rechtschreib-Schwäche (Legasthenie) hatte, wie die Mutter es vermutet hatte, sondern daß er aufgrund seiner Grundintelligenz seit langem in der Regelschule vollkommen überfordert war. Die Intelligenz lag im Grenzbereich zwischen einer Lernbehinderung und einer leichten geistigen Behinderung. Es war eindeutig, daß er niemals die schulischen Erwartungen seiner Mutter erfüllen würde, sondern daß die Versagenserlebnisse immer weiter zunehmen würden. Als Folge hatte er Bauchschmerzen entwickelt, fing an, einzunässen und einzukoten und war unglücklich. In diesem Fall handelt es sich eindeutig um eine Überforderung des Jungen.

In Gesprächen mit der Mutter wurde behutsam besprochen, daß sie ihrem Sohn keinen Gefallen täte, ihn auf der Schule zu lassen und daß seine Klassenlehrerin vielleicht doch das Wohl ihres Sohnes im Auge hatte mit dem Vorschlag eines Schulwechsels.

Da bei dem Einkoten keine Verstopfung vorlag, waren abführende Maßnahmen nicht angezeigt. Es reichte, ihn dreimal pro Tag auf die Toilette zu schicken. Es ist davon auszugehen, daß mit der Entlastung im Zuge des Schulwechsels sich die restliche Problematik zurückbildet und daß keine weitere Behandlung notwendig wird.

Formen des Einnässens tags

Da es viele verschiedene Formen des Einnässens tagsüber gibt, ist auch hier eine ärztliche Untersuchung und Diagnose (Feststellung der Einnäßform) unbedingt erforderlich, da für jede Einnäßform unterschiedliche Behandlungen gewählt werden müssen.

Für Eltern mit Kindern, die tags und nachts einnässen, ist es wichtig, zumindest kurz über die verschiedenen Formen des Einnässens tags Bescheid zu wissen. Es gibt drei häufige Formen, nämlich

die Drangstörung (idiopathische Dranginkontinenz), die Aufschubstörung (Harninkontinenz bei Miktionsaufschub) und die Koordinationsstörung (Detrusor-Sphinkter-Dyskoordination) sowie eine
Reihe von seltenen Formen.

Drangstörung (Idiopathische Dranginkontinenz)

Die häufigste Form des Einnässens tagsüber ist die Drangstörung,
die vor allem bei Mädchen auftritt. Wie der Name es schon ausdrückt, verspüren die Kinder einen Harndrang, z. T. so plötzlich und
heftig, daß sie rennen müssen, um es rechtzeitig zu schaffen.

Typischerweise müssen die Kinder sehr häufig auf die Toilette
gehen, zum Teil zehn- bis zwanzigmal am Tag, wobei sie jeweils nur
kleine Mengen entleeren. Der Toilettengang kündigt sich häufig
durch sogenannte Drangsymptome an. Dieser Harndrang ist häufig
so stark, daß Kinder entweder sofort auf die Toilette müssen oder
sogenannte Haltemanöver einsetzen, um diesen zu unterdrücken.
Diese Haltemanöver können z. B. so aussehen, daß manche Kinder
von einem Bein auf das andere hüpfen, manche die Beine zusam-
menkneifen, andere sich den Bauch fest halten. Jungen halten sich
den Penis zu und Mädchen setzen sich häufig auf die Ferse oder
gehen in die Hocke.

Die Eltern berichten typischerweise, daß sie nie längere Auto-
strecken ohne Unterbrechung fahren können und daß sie sofort
anhalten müssen, wenn ihr Kind einen Drang verspürt. Manche
Familien kennen inzwischen alle öffentlichen Toiletten, da jeder
Einkaufsbummel mit mehreren Toilettengängen verbunden ist. Oft
schaffen es die Kinder nicht, rechtzeitig auf die Toilette zu kommen,
so daß sie einnässen. Dies tritt häufiger nachmittags auf, wenn sie
müder sind und sich weniger konzentrieren können. In der Folge
kommt es zu Rötungen im Genitalbereich und auch zu Harnwegsinfekten.

Diese Form des Einnässens ist ebenfalls anlagebedingt und
kommt in manchen Familien gehäuft vor. Inzwischen ist auch ein
«Genort» für die Dranginkontinenz gefunden worden. Diese Anlagefaktoren führen dazu, daß die Blase Schwierigkeiten zeigt, sich
füllen zu lassen. Anstelle einer langsamen Ausdehnung, zieht sich die

51

Blase während der Füllung unwillkürlich zusammen, so daß es zu einem Druckanstieg kommt, der als Drang registriert wird. Erst in der Folge des häufigen Einnässens zeigen manche Kinder Selbstwertprobleme, die Störung an sich ist jedoch nicht psychisch bedingt.

Die Dranginkontinenz kann durch ein besonderes Training gut behandelt werden. Die Kinder werden trainiert, den Harndrang wahrzunehmen und sofort auf die Toilette zu gehen. Dies wird in einem Plan eingetragen (dem sog. «Fähnchenplan» – siehe Anhang): dabei tragen sie eine Fahne ein, wenn sie auf die Toilette ohne nasse Hose kamen, eine Wolke, wenn die Hose naß war. Haltemanöver dürfen dabei nicht eingesetzt werden. Auch sollen sie unter keinen Umständen den Gang zur Toilette hinauszögern, da das erste Ziel eine Wahrnehmung der vollen Blase darstellt. Deshalb ist es wichtig, daß sie im Kindergarten und später in der Schule jederzeit – auch während des Unterrichtes – auf die Toilette gehen dürfen. Dies sollte vorher mit den Kindergärtnerinnen und Lehrern (auch mit Betreuern im Hort, falls das Kind einen besucht) besprochen und geklärt werden, die meistens ganz kooperativ darauf eingehen.

Bei vielen Kindern ist zusätzlich ein Medikament erforderlich, das die Blase ruhigstellt und verhindert, daß sie sich zusammenzieht. Dieses Medikament heißt Oxybutinin (Dridase). Es wird allgemein gut vertragen ohne wesentliche Nebenwirkungen (am häufigsten trockener Mund), die sich mit einer Reduktion der Dosierung zurückbilden, und muß von Ihrem Kinderarzt verschrieben werden. Die Höchstdosis beträgt 15 mg pro Tag in 2 bis 3 Dosen.

Das nächste Beispiel handelt von einem Mädchen, das mit einer Drangstörung tags und nachts einnäßte.

Beispiel 5:
Primäres Bettnässen; Drangstörung mit Einnässen tags
Susanne, ein 6jähriges Mädchen, ist noch nie trocken gewesen. Sie näßt nachts jede Nacht, z. T. mehrfach mit wechselnd großen Mengen ein und ist schwer erweckbar. Tags näßt sie jede Stunde ein, die Hose ist konstant feucht. Sie klagt über plötzlichen Harndrang, den sie mit Haltemanövern zurückhält. Sie geht in die Hocke, setzt sich auf ihre Ferse, wird unruhig und kneift die Beine zusammen. Bisher

hatte sie vier Harnwegsinfekte, so daß eine längerfristige, vorbeugende Antibiotikagabe durchgeführt wurde. Ein Reflux wurde ausgeschlossen. In einer urologischen Klinik wurde die Harnröhre erweitert.

Die bisherige Vorgeschichte war vollkommen unauffällig gewesen. In der Familie gab es keine weiteren Verwandten, die eingenäßt hatten. In den Untersuchungen fiel eine Rötung im Genitalbereich auf. Im Ultraschall sah man, daß aufgrund der Harnwegsinfekte die Blasenwand verdickt war. Susanne war eher überangepaßt und schüchtern, zeigte aber keinerlei Verhaltensauffälligkeiten. Sie war durchschnittlich intelligent.

Unter einem «Fähnchenplan» kam es zu einer deutlichen Abnahme der Einnäßmenge, aber sie mußte immer noch häufig auf die Toilette rennen. Deshalb wurde eine zusätzliche Medikation mit Oxybutinin (Dridase) begonnen. Unter einer zunächst niedrigen Dosierung kam es zu einer leichten Besserung, erst unter der höchsten Dosis von 15 mg pro Tag wurde sie vollkommen trocken. Danach wurde mit einem Klingelgerät begonnen. Wegen der ausgeprägten Drangsymptome wurde die Medikation während der gesamten Klingelgerätbehandlung beibehalten, sonst wäre es nachts immer wieder zu häufigem Einnässen mit Klingeln gekommen, und die Behandlung hätte nicht zum Erfolg geführt. So erreichte sie problemlos auch nachts eine vollkommene Trockenheit.

In diesem Fall handelt es sich um eine typische Drangstörung mit Einnässen tags und nachts. Die urologische Operation mit Erweiterung der Harnröhre war unnötig gewesen, da bei ihr keine Verengung der Harnröhre, sondern unkontrollierte Kontraktionen der Blase der Grund für die Drangsymptome und das Einnässen waren. Typisch ist ferner, daß die Drangstörung keine psychische Ursache hat – wie bei dem isolierten nächtlichen Einnässen sind es genetische-körperliche Ursachen. Wenn im Verlauf psychische Probleme auftreten, sind diese fast immer Folge des Einnässens mit entsprechenden Scham- und Minderwertigkeitsgefühlen.

Die Drangstörung kann sich allerdings auch nur in einem nächtlichen Einnässen äußern – und wird in solchen Fällen oft übersehen.

Beispiel 6:

Primäres Bettnässen; Drangstörung ohne Einnässen tags

Andreas ist ein zehnjähriger Junge, der wegen eines nächtliches Einnässens in unserer Sprechstunde vorgestellt wurde. Er näßt sechsmal pro Woche ein, schläft eher nicht tief und leidet sehr unter seinem Einnässen. Bisherige Behandlungsversuche wurden nicht durchgeführt.

Die bisherige Vorgeschichte war unauffällig. Der Vater erzählte, daß auch er häufig einen Harndrang verspüre und es sich deshalb zur Gewohnheit gemacht hatte, immer zur Toilette zu gehen, bevor er das Haus verläßt oder prophylaktisch, wenn er weiß, daß er in der nächsten Zeit nicht auf die Toilette kann. Dabei schickt er auch seinen Sohn.

Alle Untersuchungsbefunde waren unauffällig bis auf das 24-Stunden-Protokoll: dabei zeigte sich, daß Andreas am Tag 14mal auf die Toilette ging mit jeweils nur geringen Volumina von 40–80 ml.

Es wurde deutlich, daß bei Andreas, wie auch bei seinem Vater eine deutliche Drangproblematik vorlag, die beide durch häufiges «prophylaktisches» Toilettengehen gut im Griff hatten.

Es wurde zunächst mit einem Fähnchenplan gearbeitet, was zu einer deutlichen Verringerung der Toilettengänge führte. Bei dem ersten Versuch, nachts ein Klingelgerät einzusetzen, klingelte dies jede Nacht mehrfach, d. h. die Blase neigte auch nachts dazu, sich zu kontrahieren. In diesem Fall war es notwendig, nachts vor dem Schlafengehen 5 mg des Medikamentes Oxybutinin (Dridase) zu geben. Darunter wurde die Blase etwas ruhiggestellt, so daß das Klingelgerät sehr viel seltener klingelte. Andreas brauchte fast 4 Monate, um trocken zu werden. Während dieser ganzen Zeit nahm er das Medikament, ohne das dieser Erfolg nicht hätte erreicht werden können.

Aufschubstörung

(Harninkontinenz bei Miktionsaufschub)

Die zweithäufigste Form des Einnässens tagsüber ist die Aufschubstörung. Im Gegensatz zu der Dranginkontinenz gehen die Kinder nicht zu häufig , sondern extrem selten (meist unter viermal) auf die Toilette, zum Teil nur ein- bis zweimal am Tag. Das heißt, sie halten den Urin zurück und schieben den Toilettengang so lang wie möglich hinaus. Dieses Aufschieben kann in typischen Situationen auftreten, wie in der Schule, auf dem Nachhauseweg, beim Spielen mit Freunden und beim Fernsehen. Im Laufe der Zeit verselbständigt sich das Problem und wird zu einer Angewohnheit.

Bei der Aufschubstörung handelt es sich um ein erworbenes, psychisch bedingtes Problem. Es kommt häufig vor, daß die Kinder sich auch in anderen Bereichen verweigern, z. B. beim Zähneputzen, Waschen, Zimmeraufräumen, bei Hausaufgaben, zum Teil auch beim Essen. Der Zusammenhang, wie oben erläutert, mit Einkoten ist häufig. Oft trödeln sie und provozieren ihre Eltern, so daß es häufig zu Streitereien und Auseinandersetzungen kommt.

Das Ziel der Behandlung ist es, die Häufigkeit des Toilettengangs so zu erhöhen, daß die Kinder mindestens siebenmal am Tag auf die Toilette gehen. Dabei werden die Kinder von den Eltern regelmäßig geschickt und tragen anschließend in einem Plan ein, wann sie auf der Toilette waren und wann es zum Einnässen gekommen ist (siehe Anhang). Ältere Kinder und Jugendliche können solche Pläne auch selber ausfüllen. Manche bevorzugen es, sich auf ihrer digitalen Armbanduhr ein Signal alle zwei bis drei Stunden zu stellen, um sich daran zu erinnern. Wegen den häufigen begleitenden Verhaltensproblemen ist in vielen Fällen eine weitergehende kinderpsychiatrische oder kinderpsychologische Abklärung und Behandlung notwendig.

Auch die Aufschubstörung kann mit Einnässen tags (wie in Beispiel 7) oder nur mit reinem nächtlichen Einnässen (wie in Beispiel 9) einhergehen. In diesem Fall wird es leider häufig übersehen und erst entdeckt, wenn ein 24-Stunden-Protokoll durchgeführt wird (siehe Anhang).

Beispiel 7:
Sekundäres Bettnässen; Aufschubstörung
mit Einnässen tags

Katharina, ein siebenjähriges Mädchen, näßt in größeren Abständen tags ein. Tags war sie mit dreieinhalb Jahren trocken gewesen, begann mit fünf Jahren wieder einzunässen. Insgesamt erlitt sie vier bis fünf Harnwegsinfekte, die mit Antibiotika behandelt wurden, es wurde ein leichter Reflux, also ein Rückfluß in die Nieren, diagnostiziert. In einer urologischen Klinik wurde eine Blasenspiegelung und eine Schlitzung der Harnröhre durchgeführt, anschließend erhielt sie Medikamente, um die Blase ruhigzustellen (Spasmolytika). Auch nachts war sie zunächst trocken, begann dann auch mit fünf Jahren wieder einzunässen, zur Zeit jede Nacht. Sie schläft sehr tief, die Einnäßmengen sind groß. Sie leidet sehr unter der Problematik. Sie ist eher schüchtern und zurückhaltend, auf dem Schulhof ist sie oft alleine.

Auf genaue Befragung hin wurde deutlich, daß sie tagsüber nur dreimal auf die Toilette geht und mit Haltemanöver den Toilettengang hinausschiebt. Sie ist nicht verstopft, kotet nicht ein, das Wasserlassen erfolgt in einem Strahl.

Die Vorgeschichte war weitgehend unauffällig. Im Ultraschall war die Blasenwand (vermutlich wegen der vielen Harnwegsinfekte) verdickt, sonst waren alle Untersuchungsbefunde unauffällig.

Das erste Behandlungsziel war es, mit Katharina zu trainieren, daß sie häufiger, d.h. mindestens siebenmal pro Tag auf die Toilette geht und dieses in einem Plan einträgt. Sie machte sehr gut mit und näßte bald tagsüber nicht mehr ein. Nachts wurde sie mit einem Klingelgerät innerhalb weniger Wochen vollkommen trocken. Harnwegsinfekte sind auch ohne Antibiotika nicht mehr aufgetreten.

In diesem Fall war der seltene Toilettengang und das Zurückhalten des Urins Ursache der gesamten Problematik, sowohl des Einnässens, wie auch der Harnwegsinfekte, die bei Mädchen aufgrund der kürzeren Harnröhre leichter auftreten können. Selbst Refluxe könne als direkte Folge des Aufschiebens entstehen – die Blase ist immer gefüllt, der Druck in der Blase ist höher als normal, so daß sich der Urin den Weg zurück in Richtung Niere bahnen kann. Dies wurde über Jahre nicht erkannt. Die urologische Operation war auch in diesem Fall unnötig und sinnlos, auch die Medikation war nicht angezeigt: solche Medikamente wirken nur bei der Drangstörung (siehe oben) und nicht bei der Aufschubstörung, die als Folge eines erlernten Verhaltens zu verstehen ist. Immer wieder erleben wir, daß bei Kindern von Urologen, die nicht auf Kinder spezialisiert sind, ohne Grund eingreifende Untersuchungen und Operationen durch-

geführt werden. Deshalb sollten Eltern darauf achten, daß alle urologischen Untersuchungen wirklich nur von Kinderurologen, die
sich mit den speziellen Problemen des Kindesalters auskennen,
durchgeführt werden.

Bei einem solchen Verlauf ist es unbedingt notwendig, erst die
Problematik tags zu behandeln. Hätte man nicht darauf geachtet,
daß Katharina häufiger auf die Toilette geht, wäre nämlich durch das
Klingelgerät die Neigung zum Zurückhalten nur noch weiter ver-
stärkt worden. Mit dem nächtlichen Einnässen wurde zumindest der
Harntrakt einmal in 24 Stunden «durchgespült» und so vor weiteren
Infekten geschützt.

Leider kann bei zurückhaltenden, aufschiebenden Kindern der
zu frühe Einsatz eines Klingelgerätes dazu führen, daß auch nachts
Urin zurückgehalten wird: mit Verstärken von Refluxen und Auslösen sogar von Nierenbeckenentzündungen, die die Nieren schädigen können. Deshalb immer: alle Probleme, die sich tags zeigen,
zuerst lösen, dann die Behandlung des nächtlichen Einnässens.

Beispiel 8:
Primäres Bettnässen; Aufschubstörung ohne Einnäs-
sen tags; Verdacht auf Störung des Sozialverhaltens
mit oppositionellem, aufsässigem Verhalten
Pia, ein sechsjähriges Mädchen, näßt nachts fünfmal pro Woche ein,
z.T. wird sie dabei wach, z.T. schläft sie sehr tief. Im Alter von vier
Jahren war sie maximal drei Monate lang nachts trocken. Tags ist sie
seit dem Alter von drei Jahren trocken.

Ansonsten hält sie täglich mehrfach das Wasserlassen zurück,
vor allem beim Fernsehen und Spielen, da sie Angst hat, etwas zu verpassen. Dabei setzt sie Haltemanöver ein, überkreuzt die Beine,
kneift die Oberschenkel zusammen und hält ihren Bauch fest. Wenn
sie gefragt wird, ob sie zur Toilette muß, verleugnet sie dies. Falls ihre
Mutter jedoch darauf besteht, geht sich ohne weitere Proteste. Sie
kann den Harndrang so genau kontrollieren, das es tagsüber nie zum
Einnässen kommt.

Auch in anderen Bereichen neigt Pia dazu, nicht das zu tun, was
von ihr verlangt wird. So befolgt sie fast keine der Anordnungen ihrer

Mutter, weigert sich, sich morgens anzuziehen und rechtzeitig zur Schule fertig zu sein, muß immer das letzte Wort behalten und verhält sich sehr trotzig. So kommt es auch vor, daß sie das Essen verweigert.

Im Alter von fünf Jahren wurde über einen Zeitraum von neun Monaten ein Behandlungsversuch mit einem Klingelgerät durchgeführt — ohne Erfolg. Sie wurde über Jahre hinweg jede Nacht von ihrer Mutter geweckt. Schließlich bekam sie vor kurzem das Medikament Desmopressin (Minirin) — darunter verringerte sich das nächtliche Einnässen auf drei- bis viermal pro Woche, doch trocken wurde sie dadurch auch nicht.

Es handelte sich um das erste Kind der Mutter. Im ersten Lebensjahr zeigte Pia leichte Schlaf- und Essensprobleme. Im Kleinkindalter sei sie sehr trotzig gewesen, habe sich in Wutausbrüchen häufig zornig auf den Boden geworfen. Beim Einschlafen neigte sie zu Schaukelbewegungen mit dem Oberkörper, die sich aber mit der Zeit zurückbildeten. Die Sprachentwicklung war etwas verzögert, ansonsten keine Entwicklungsprobleme. Sie besucht die erste Klasse und gerät vor allem auf dem Schulhof in Auseinandersetzungen mit anderen Kindern.

Zur Familie ist zu berichten, daß Pias leiblicher Vater selbst als Erwachsener noch eingenäßt hat. Er litt unter Alkoholproblemen, so daß sich die Eltern trennten, als sie ein Jahr alt war. Pia versteht sich mit dem Lebenspartner der Mutter sehr gut, eine Heirat ist demnächst geplant.

Alle körperlichen Untersuchungen waren unauffällig, außer daß sie nach der ersten Blasenentleerung im Ultraschall immer noch einen deutlichen Resturin hatte. Sie war durchschnittlich intelligent, verhielt sich aber auch in der Untersuchungssituation kaspernd, albern, provokativ und dominant.

Bei Pia liegt eine typische Aufschubstörung vor. Es wurde deshalb als erstes empfohlen, regelmäßig mindestens siebenmal pro Tag auf die Toilette zu gehen und dies in einem Plan zu vermerken. Erst danach wurde eine Behandlung mit einem Klingelgerät durchgeführt, worunter Pia innerhalb von drei Monaten trocken wurde.

Zusätzlich zeigt Pia deutliche Schwierigkeiten, sich an Regeln zu halten und versucht, ihre Mutter zu provozieren. Schon seit dem Kleinkindalter neigte Pia zu solch verweigerndem, trotzigem Verhal-

ten. Der Fachausdruck für diese Art der Verhaltensstörung heißt
«Störung des Sozialverhaltens mit oppositionellem Verhalten».

In mehreren Gesprächen wurde deutlich, das Pias Mutter in ihrem Erziehungsverhalten sehr verunsichert war, ein negatives Selbst-
bild und eine Selbstwertproblematik zeigte. Sie hatte immer noch
Schuldgefühle wegen ihrer Situation als alleinerziehende Mutter, obwohl sie diese schwierige Zeit sehr gut gemeistert hatte.

Die Mutter wurde bezüglich der Erziehung von Pia beraten und
einfache verhaltenstherapeutische Maßnahmen wurden besprochen
– wie ein Belohnerplan, nach dem erwünschtes Verhalten positiv mit
einer kleinen Belohnung verstärkt wurde, und Auszeiten, bei denen
Pia bei extrem oppositionellem Verhalten für eine begrenzte Zeit in ihr
Zimmer geschickt wurde. Mit wenigen Beratungsstunden fühlte sich
die Mutter in ihren Fähigkeiten deutlich gestärkt und auch durch ihren
Partner zunehmend gestützt. Eine Einzelpsychotherapie war dagegen
bei Pia nicht angezeigt.

Koordinationsstörung
(Detrusor-Sphinkter-Dyskoordination)

Die dritte häufige Form des Einnässens tags ist die Koordinationsstörung, d. h. es liegt eine Fehlabstimmung des Blasenhohlmuskels
und des Blasenschließmuskels vor.

Üblicherweise entspannt sich bei der Blasenentleerung der
Schließmuskel der Blase vollkommen, so daß die Blase ungehindert
entleert werden kann. Bei dieser Koordinationstörung kommt es zu
einer gegenläufigen Anspannung des Schließmuskels: er entspannt
nicht, sondern im Gegenteil spannt an und öffnet sich nicht. Die
Folge ist, daß die Blase gegen einen Widerstand, nämlich den ver-
schlossene Blasenausgang drücken muß. Typische Zeichen sind deshalb ein Pressen zu Beginn des Wasserlassens sowie ein unterbrochener Harnfluß in mehreren Portionen.

Falls diese Symptome vorliegen, ist eine weitergehende Abklärung unbedingt erforderlich, da die Rate von medizinischen Komplikationen bei dieser Störung besonders hoch ist – viel höher als bei
allen bisher erwähnten Störungen. Die Behandlung der Wahl ist ein
Biofeedback-Verfahren, bei dem körperliche Prozesse wie der Harn-

59

Koordinationsstörung

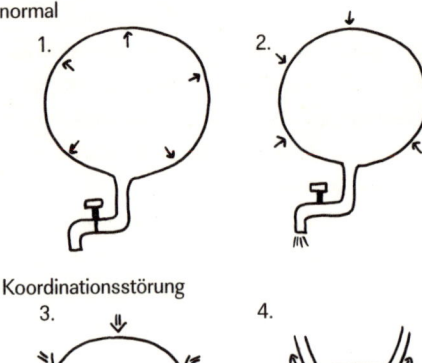

normal

1.

2.

Koordinationsstörung

3.

4.

Blase = Ballon
Schließmuskel = Wasserhahn

1. Bei Füllung (Speicherphase): Wasserhahn zu, Ballon entspannt

2. Bei Entleerung: Wasserhahn auf, Ballon zieht sich zusammen, Wasser fließt

3. Bei Entleerung: Wasserhahn geht nicht richtig auf und schließt zwischendurch, Blase muß viel mehr drücken und wird doch nicht leer

4. Resturin und Refluxe (Urin fließt zurück in die Nieren) sind häufig

fluß und die Anspannung des Beckenbodens über Geräte dem Kind widergespiegelt (Feedback) werden. So erlernt es, körperliche Prozesse bewußt wahrzunehmen, die üblicherweise sonst unbewußt ablaufen.

Beim Biofeedback sitzt das Kind auf einem speziellen Toilettensitz, auf dem der Harnfluß gemessen werden kann. Durch zwei Aufkleber am Popo wird die Anspannung des Beckenbodens und damit des Schließmuskels gemessen und mit Tönen wiedergegeben: das Kind hört, wenn es anspannt. Auf einem Bildschirm kann es die Geschwindigkeit seines Harnflusses sehen und ob er unterbrochen wird. Es sieht ein Männchen mit einer Kappe, das mit der Flußkurve mitläuft. Anschließend werden die Ergebnisse besprochen. Nach nur wenigen Sitzungen kann eine Koordination erreicht werden: d. h. das Kind hat durch das Biofeedback gelernt, sich während des Wasserlassens zu entspannen.

Solche Behandlungen werden zur Zeit nur an Spezialzentren angeboten. In neuerer Zeit sind auch tragbare Biofeedbackgeräte im Handel, die zwar nicht den Harnfluß, dafür aber die Anspannung des Beckenbodens messen können. Unter guter Anleitung können diese Geräte zu Hause von den Eltern eingesetzt und die entspannte Entleerung geübt werden. Leider haben wir erlebt, daß solche Geräte nur verschrieben werden und Eltern ohne genaue Anleitung zu Hause die Behandlung nicht umzusetzen vermögen – und häufig frustriert ihre Versuche abbrechen wie in dem nächsten Beispiel.

Beispiel 9:
Sekundäres Bettnässen; Koordinationsstörung mit Einnässen tags; wiederholte Harnwegsinfekte

Jasmin, ein fünfjähriges Mädchen war im Alter von zwei Jahren und drei Monaten vollkommen trocken und hat mit drei Jahren und zwei Monaten, also elf Monate später, ohne erkennbaren Auslöser wieder tags und nachts eingenäßt.

Jeden Tag näßt sie unterschiedlich große Mengen ein. Sie schiebt den Toilettengang hinaus, kneift dabei die Beine zusammen und setzt sich auf die Ferse. Sie geht fünfmal am Tag auf die Toilette, muß dabei pressen, der Harnstrahl ist mehrfach unterbrochen. Bisher hat sie 15 Harnwegsinfekte erlitten, zur Zeit erfolgt eine Langzeitbehandlung mit einem Antibiotikum und mit einem Mittel, das die Blase ruhigstellt (Mictonetten). Sie wurde in verschiedenen Kliniken vorgestellt, unter anderem wurde wieder eine Blasenspiegelung und eine Harnröhrenerweiterung durchgeführt. Zusätzlich wurde ein Biofeedbackgerät für den häuslichen Einsatz verschrieben. Jasmin wehrt sich dagegen, da vor dem Toilettengang kleine Aufkleber angebracht werden müssen und sie sich dadurch gestört fühlt. Die Mutter hat den Eindruck, daß es dadurch nur schlimmer geworden sei.

Nachts näßt sie fast jede Nacht größere Mengen ein und trägt Windeln. Ansonsten werden gelegentliche Trotzanfälle angegeben. Jasmin habe ihren eigenen Willen, den sie durchzusetzen versucht, meint die Mutter.

In der Harnflußmessung war der Strahl mehrfach unterbrochen und das Wasserlassen zog sich über eine Minute hin, da immer wieder kleinere Portionen hinausgepreßt wurden. In der Beckenbodenableitung sah man genau, daß Jasmin nicht entspannte, sondern gerade **61** während des Wasserlassens dagegen anspannte. Im Ultraschall fand sich danach ein deutlicher Resturin, d. h. die Blase war nicht vollständig leer. Beides, das Anspannen mit erhöhtem Druck in der Blase und der Resturin, tragen zu ihrem erhöhten Risiko für Harnwegsinfekte bei.

In der Behandlung wurde zunächst empfohlen, das Gerät zu Hause wegzulassen und statt dessen darauf zu achten, daß sie siebenmal pro Tag auf die Toilette geht und dabei mit beiden Beinen die Erde berührt, um sich vollkommen zu entspannen. Jede Form des Pressens sollte unterlassen werden. Ambulant wurden mehrere Sitzungen mit Biofeedback durchgeführt. Da sich nur eine geringe Besserung zeigte, wurde empfohlen, während eines einwöchigen Tagesklinikaufenthaltes ein intensives Biofeedbacktraining zu versuchen. Dabei verbesserte sich der Harnfluß deutlich, es kam zu keinen Unterbrechungen, und es blieb kein Resturin mehr zurück. Die Anspannung im Beckenboden war allerdings noch vorhanden. Die Antibiotika wurden ganz abgesetzt und es kam zu keinen weiteren Harnwegsinfekten. Bei den letzten Kontrollen gab es keinen Resturin, aber die Entleerung war noch nicht ganz koordiniert, so daß eine weitere Woche Training eingeplant ist. Das Einnässen tags hatte sich weitgehend zurückgebildet. Wegen dem nächtlichen Einnässen trägt sie weiter Windeln. Dies wird man erst behandeln, wenn die Entleerungsstörung sich ganz zurückgebildet hat, da sonst die Gefahr von Harnwegsinfekten wieder ansteigen würde.

Auch die Koordinationsstörung kann nur mit nächtlichem Einnässen verbunden sein und wird dabei häufig übersehen. Wegen der schweren medizinischen Folgeprobleme muß sie unbedingt vor dem Bettnässen selbst behandelt werden.

Beispiel 10:
Primäres Bettnässen;
Koordinationsstörung ohne Einnässen tags
Thomas, ein siebenjähriger Junge, näßt jede Nacht größere Mengen ein, war noch nie trocken und ist schwer erweckbar. Tags war er mit drei Jahren trocken und hatte keine Harnwegsinfekte. Er geht tags sechsmal auf die Toilette, allerdings ist der Harnstrahl unterbrochen.

Die bisherige Vorgeschichte ist weitgehend unauffällig. Sein leiblicher Vater näßte ebenfalls nachts ein. Die Eltern trennten sich kurz nach seiner Geburt, anschließend erfolgten zwei Umzüge. Er versteht sich gut mit seinem jetzigen Ersatzvater, dem Partner der Mutter. Verhaltensprobleme werden nicht berichtet.

Im Ultraschall fand sich eine Erweiterung des Nierenbeckens, es blieb immer ein Resturin in der Blase zurück. Die Harnflußmessung war sehr auffällig: der Strahl war mehrfach unterbrochen, er spannte mit dem Beckenboden dagegen.

Es wurde zunächst ein Biofeedbacktraining ambulant begonnen: nach nur drei Sitzungen war die Blasenentleerung vollkommen koordiniert und der Harnfluß nicht mehr unterbrochen. Jetzt konnte mit dem Klingelgerät begonnen werden, und nach wenigen Wochen war er trocken.

In diesem Fall wäre die Koordinationsstörung übersehen worden, hätte man nicht gezielt nach Pressen und unterbrochenem Harnstrahl gefragt. Ein Mädchen hätte bei dieser Konstellation mit hoher Wahrscheinlichkeit Harnwegsinfekte bekommen. Jungen sind durch die längere Harnröhre eher davor geschützt. Ohne vorherige Koordination wäre die Wahrscheinlichkeit für Komplikationen während der Behandlung mit einem Klingelgerät hoch.

Seltene Formen des Einnässens tags

Neben diesen drei häufigen gibt es noch drei seltene Formen des Einnässens. Bei der seltenen *Streßinkontinenz* ist der Schließmuskel der Blase «undicht», so daß es beim Niesen, Husten und bei Anspannung der Bauchmuskeln (was alles zu einer Erhöhung des Druckes im Bauchraum führt) zum Austritt von Urin kommt. Diese Form ist bei erwachsenen Frauen häufig, aber bei Kindern zum Glück eine Ausnahme.

Bei der *Lachinkontinenz* kommt es beim Lachen zu einer kompletten Entleerung der Blase, d.h. von großen Mengen. Es handelt sich um einen Reflex des zentralen Nervensystems.

Schließlich ist bei dem sogenannten *Lazy-Bladder-Syndrom* (wörtlich: Krankheit der faulen Blase) der Blasenhohlmuskel so ausgedehnt, daß er sich nicht mehr zusammenziehen kann. Dadurch werden große Urinmengen zurückgehalten, die auch wieder nur mit Pressen entleert werden können. Diese Störung kann sich aus einem Aufschub oder einer Koordinationsstörung entwickeln.

Alle Formen des Einnässens tags können, wie in den Beispielen plastisch dargestellt, auch in abgewandelter Form auftreten. In diesen Fällen nässen die Kinder nachts ein, jedoch zeigen sie tagsüber die gleichen Probleme – jedoch ohne Einnässen tags. Alle diese Varianten werden auch als «nicht-isolierte» oder «nicht-monosymptomatische» Enuresis nocturna bezeichnet. Wichtig ist wie gesagt, daß alle Störungen der Blase, die sich tags zeigen (ob mit Einnässen tags oder nur nachts), immer zuerst behandelt werden müssen – also vor dem nächtlichen Einnässen.

4. Häufigkeit, Ursachen des Bettnässens und die Rolle der Psyche

4.1. Wie häufig ist Bettnässen?

Viele Eltern und Kinder glauben, daß sie mit ihrem Problem alleine sind. Ihnen ist häufig nicht klar, wieviele andere Kinder auch betroffen sind – schließlich sieht man es den Kindern nicht an und schließlich ist Einnässen in unserer Kultur stark tabuisiert. Eltern sind häufig sehr erleichtert, wenn sie erfahren, wieviele andere Kinder im gleichen Alter wie ihr Kind ebenfalls betroffen sind, und sind an konkreten Häufigkeitszahlen sehr interessiert.

Eine Übersicht über die allgemeine Häufigkeit (in der Bevölkerung) wird deshalb in Tabelle 1 detailliert vermittelt.

Tabelle 1: Übersicht über die Häufigkeiten des Einnässens nachts und tags, sowie des Einkotens*

Alter (Jahre)	Einnässen nachts	Einnässen tags	Einkoten
Kleinkindalter			
2	92.5%	98%, 93%**	97%, 90%**
3	43,2%	47%, 16%**	46%, 18%**
4	20,2%	12%, 2%**	8%, 1%**
5	15,7%	12%, 2%**	7%, 1%**
Schulalter			
6	13,1%	2,9%	4%, 3%**
7	10,3%	3,6%	1,3%
8	7,4%	4,0%	2,3%
9	4,5%	4,5%	1,3%
10	2,5%	3,0%	1,7%
Jugendliche	1–2%	<1%	1,4% (13 J.)
			keine (>14J.)
Erwachsene	0,3–1,7% (33–60 J.)	2–18% (25–64 J.)	2,7% – 7,4%
		9–23% (> 65 J.)	

* verschiedene Untersuchungen mit unterschiedlichen Definitionen[18];
** männlich, weiblich

Es sind Daten verschiedener Länder, wobei sich die Häufigkeiten in den meisten Industrieländern kaum unterscheiden. Die Altersgruppen bis fünf Jahre beim Einnässen, bis vier Jahre beim Einkoten bezeichnen die Häufigkeiten vor der offiziellen Definition einer Störung – entsprechen also völlig «normalen» Häufigkeiten.

Wichtiges zur Häufigkeit des nächtlichen Einnässens
Zunächst ist das *nächtliche Einnässen* die mit Abstand größte Gruppe der Störungen. Es ist zwei bis drei Mal häufiger als das Einnässen tags. Es sind eindeutig mehr Jungen betroffen als Mädchen: das Geschlechtsverhältnis beträgt 1,5–2 zu 1 (männlich zu weiblich), also nässen fast doppelt so viele Jungen wie Mädchen ein.

Die Häufigkeit nimmt mit dem Alter ab, wie aus Tabelle 1 ersichtlich: so sind es 20,2 Prozent der Vier-, 10,3 Prozent der Siebenjährigen bis zu ein bis zwei Prozent der Jugendlichen und 0,3–1,7 Prozent der Erwachsenen.

Wie schon erwähnt, ist erst bei einem Fünfjährigen überhaupt von einer Störung zu sprechen. Manche Forscher meinen, daß auch dies eigentlich zu früh ist: nach Tabelle 1 nässen statistisch gesehen 15,7 Prozent der Fünfjährigen noch nachts ein. Kann ein so häufiges Phänomen wirklich als Störung bezeichnet werden? Sollte man nicht auch die Fünfjährigen «in Ruhe lassen» und erst ab einem Alter von sechs oder sieben Jahren überhaupt an eine Behandlung denken?

Die Häufigkeitsabnahme pro Jahr kann man berechnen: Sie beträgt 13,5 Prozent pro Jahr. Mit anderen Worten: Wenn man zuwartet und nichts unternimmt, wird von jedem Jahrgang 13,5 Prozent ohne weiteres Zutun trocken sein; 86,5 Prozent der Kinder werden auch ein Jahr später noch einnässen. Bei einem fünfjährigen verspielten und wenig motivierten Kind mag diese Aussicht ausreichen, um noch ein Jahr zuzuwarten. Bei einem Zehnjährigen genügt sie vermutlich nicht: Er oder sie wird schneller trocken werden wollen. Da die meisten Kinder unter dem Einnässen leiden, ist ein Abwarten auf eine spontane Besserung zu wenig. Deshalb sollten alle Familien und Kinder im Alter von fünf Jahren über die Behandlungsmöglichkeiten aufgeklärt werden, so daß sie sich für Abwarten oder eine Behandlung aktiv entscheiden können.

Die spontane Heilungsrate muß ferner immer dann berücksichtigt werden, wenn Erfolge von Behandlungen miteinander verglichen werden. Eine Therapie muß immer nachweisen können, daß sie besser ist als Nichtstun und Abwarten: wie später ausführlich dargestellt, trifft dies für manche Behandlungsangebote keineswegs zu.

Das *primäre nächtliche Einnässen* ist insgesamt häufiger als das *sekundäre* – jedoch nicht in jeder Altersgruppe. Der Häufigkeitsgipfel für das sekundäre Einnässen liegt bei 7 Jahren: in diesem Alter erleiden die meisten Kinder einen Rückfall und die primären (5,2 Prozent) und sekundären Formen (5,1 Prozent) gleich häufig. Das *isolierte nächtliche Einnässen* ist vermutlich häufiger als das *nicht-isolierte*, wobei diese Unterscheidung in vielen Untersuchungen nicht getroffen wird und die Daten hierzu entsprechend spärlich sind.

Wichtiges zur Häufigkeit des Einnässens tags

Vor dem Alter von fünf Jahren nässen Jungen häufiger tags ein. Danach ist das Geschlechtsverhältnis umgekehrt: (1,0–1,5 zu 1; weiblich zu männlich), d. h. Mädchen sind genauso oft oder sogar etwas häufiger betroffen. Auch tags nimmt die Häufigkeit mit dem Alter ab. Vom Kleinkind- bis zum Jugendalter nässen 18 Prozent der 3–3,6 Prozent der Siebenjährigen und weniger als ein Prozent der Jugendlichen ein (Tabelle 1).

Die Drangstörung ist die häufigste Form des Tageinnässens und die einzige, bei der Mädchen eindeutig häufiger betroffen sind. Die Aufschubstörung ist mit einer höheren Zahl von betroffenen Jungen etwa genauso häufig. Zu den anderen seltenen Formen fehlen zuverlässige Häufigkeitsdaten.

Wichtiges zur Häufigkeit des Einkotens

Über 90 Prozent der zweijährigen *Kleinkinder* koten heutzutage ein. In diesem Alter handelt es sich natürlich nicht um eine Störung (siehe Tabelle 1). Die Häufigkeit nimmt von 2,8 Prozent bei den

Vierjährigen langsam bis auf 1,4 Prozent der Dreizehnjährigen ab, ist aber dann bei *Jugendlichen* über 14 Jahren kaum vorhanden.

Jungen koten circa drei- bis viermal häufiger ein als Mädchen. Jeweils die Hälfte waren noch nie sauber (primäres Einkoten), bzw. haben einen Rückfall erlitten (sekundäres Einkoten). Am häufigsten treten Rückfälle bei älteren Kindern auf, der Häufigkeitsgipfel liegt bei 10 Jahren. Fast alle Kinder koten tags ein. Das nächtliche Einkoten ist extrem selten.

Die *Häufigkeit des Stuhlgangs* im *Kindesalter* zeigt eine große Bandbreite. Der Mittelwert liegt allerdings bei 6,8mal Stuhlgang pro Woche, d. h. jeden Tag einmal.

Wächst sich das Einnässen aus?

Wie wir noch eingehend zeigen werden, gibt es für Kinder, die einnässen, eine Reihe von wirksamen Behandlungsmethoden. Leider ist es heute immer noch so, daß nicht alle Kinder dem Arzt vorgestellt werden (nur 30–60 Prozent) und daß selbst die, die untersucht werden, oft keine wirksamen Behandlungen angeboten bekommen.

Aber selbst wenn alle optimal behandelt werden würden, gäbe es vermutlich eine Minderheit, die auch langfristig mit diesem Problem zu tun hätte. Zum Glück ist diese Gruppe sehr, sehr klein. Wie erwähnt, nimmt das nächtliche Einnässen mit einer Rate von 13,5 Prozent pro Jahr kontinuierlich ab, erreicht jedoch nie null Prozent. Nach allen Studien nässen ein bis zwei Prozent aller Jugendlichen noch ein. Diese Zahl ist relativ hoch, wenn man bedenkt, wie schwierig Einnässen in diesem Alter – auch im Vergleich zum Kindesalter – zu ertragen ist. Das Einnässen bei Jugendlichen scheint noch tabuisierter zu sein, die Schamgefühle und Selbstzweifel noch ausgeprägter. Die Rate des Einnässens tags ist auch bei Jugendlichen geringer und liegt bei unter ein Prozent.

Auch sind die Hemmschwellen, sich Hilfe zu holen, in diesem Alter besonders hoch. Man weiß, daß Jugendliche die medizinisch am schlechtesten versorgte Altersgruppe darstellen – in allen Bereichen der Medizin wie auch der Psychotherapie. Sie fühlen sich zu alt, um zum Kinderarzt zu gehen, obwohl Kinderärzte sich am besten mit der Problematik auskennen. Denn viele Hausärzte und Fachärzte für innere Medizin haben keine besondere Ausbildung für Jugendliche. Auch bei Urologen sollte man immer darauf achten, daß es sich wirklich um Kinderurologen handelt, da das nächtliche Einnässen sich von den üblichen Inkontinenzformen des Erwachsenenalters stark unterscheidet.

Deshalb haben manche Kinderärzte begonnen, Jugendlichen-Sprechstunden anzubieten, die von Jugendlichen eher angenommen werden, da sie im Wartezimmer nicht zwischen den Säuglingen und Kleinkindern warten müssen.

In anderen Ländern ist man in der Betreuung einnässender Jugendlicher sehr viel weiter, z. B. in Holland. Dort gibt es einerseits Trainingsprogramme in Kliniken, andererseits Trainingscamps in den Ferien – unter ärztlicher und pflegerischer Betreuung werden Gruppen von Jugendlichen z. B. in Jugendherbergen oder Schullandheimen in entspannter Atmosphäre mit großem Erfolg behandelt.

Gibt es noch Erwachsene, die einnässen?

Leider muß man diese Frage mit ja beantworten. Es gibt eine winzig kleine Gruppe, die – oft aufgrund mangelnder Behandlung – weder im Jugend- noch im Erwachsenenalter jemals richtig trocken geworden ist.

Andererseits kann ein gut behandeltes nächtliches Einnässen als Restsymptom dazu führen, daß man nachts aufstehen und auf die Toilette gehen muß. Dies wird mit dem Fachausdruck *Nykturie* bezeichnet – übersetzt bedeutet dies Wasserlassen in der Nacht. Für die meisten Menschen ist dies nicht schlimm, sie gewöhnen sich daran und schlafen anschließend gleich weiter. Deshalb muß die Nykturie nur behandelt werden, wenn es als extrem störend empfunden wird.

Zudem haben Erwachsene, die einnässen, häufiger als Kinder ebenfalls eingenäßt. Man erklärt sich das so, daß die angeborene Neigung auch langfristig beibehalten wird und bei manchen Erwachsenen bei entsprechenden Belastungen wieder wachgerufen werden kann, so daß sie mit einem Rückfall reagieren. Das erstaunliche ist, daß dies sowohl für das nächtliche Einnässen gilt (was man noch nachvollziehen kann) wie auch für das Einnässen tags, das ja im hohen Alter in ganz anderer Form als bei Kindern (zum Beispiel wegen Beckenbodenschwäche) sehr häufig ist. Diese wichtigen Erkenntnisse wurden in Langzeituntersuchungen gewonnen, die Gruppen von Kindern bis ins Erwachsenenalter erfaßt haben.

Die Häufigkeit des *nächtlichen Einnässens* liegt bei *Erwachsenen* (33–60 Jahre) bei 0,3 Prozent – 0,4 Prozent, wenn sie mehr als einmal pro Monat einnässen; bei 1,7 Prozent, wenn sie weniger als einmal im Monat einnässen[19]. Das Risiko ist circa achtfach erhöht, wenn die Betroffenen als Kinder eingenäßt hatten: 3,0 Prozent dieser Frauen näßten mehr als einmal pro Monat ein (7,8 Prozent auch seltener) und 2,5 Prozent der Männer (7,8 Prozent auch seltener).

Das Risiko für ein Einnässen tags nimmt im höheren *Erwachsenenalter* deutlich zu. Dabei handelt es sich um völlig andere Probleme als die im Kindesalter. Bei 25–64jährigen sind es z. B. 2–18 Prozent, bei den über 65jährigen 9–23 Prozent. Frauen sind 1,5 bis 2 mal häufiger betroffen[20]. Im *Langzeitverlauf* hatten Frauen, die mit 6 Jahren häufig nachts eingenäßt hatten (mehrfach pro Woche), mit 48 Jahren ein 3-fach höheres Risiko für ein Einnässen tags (22,2 Prozent)[21]. Diese Zusammenhänge sind nicht geklärt, aber doch vorhanden.

Der Verlauf des Einkotens dagegen ist nicht so gut untersucht. Es ist bei Jugendlichen über 14 Jahren praktisch nicht mehr vorhanden und tritt nur auf bei Jugendlichen mit schweren Behinderungen oder psychischen Störungen. Der Verlauf ins Erwachsenenalter ist noch nicht genau untersucht.

Was sind die wichtigsten Erkenntnisse aus den Häufigkeitsangaben zum Einnässen?

Aus eigner Erfahrung reagieren die meisten Eltern ungläubig, wenn sie die Zahlen (Tabelle 1) zum ersten Mal hören. Fast alle haben sich nicht vorstellen können, daß es so häufig ist. Sie fühlen sich erleichtert, daß es viele andere Kinder und Familien mit demselben Problem gibt. Die eigenen Schuldgefühle mit der Überzeugung, die Problematik verursacht zu haben, werden relativiert und in Perspektive gesetzt: Wenn es schon so häufig ist, kann es ja nicht daran liegen, daß alle Eltern etwas falsch gemacht haben können. Viele fragen: Warum hört man nichts davon? Warum ist uns das nicht schon früher gesagt worden? Wenn wir das früher gewußt hätten, hätte man sich so viele Sorgen ersparen können.

4.2. Wie entsteht das reine (isolierte) Bettnässen?

Viele Eltern (und auch Kinder) suchen nach einem Grund für das Einnässen. Sie wollen eine Erklärung, warum gerade ihr Kind davon betroffen ist. Es scheint so, daß die Suche nach einem Grund oft wichtiger ist als die Frage nach effektiven Behandlungsmöglichkeiten. Da viele Eltern enorm erleichtert reagieren, wenn ihnen die wichtigsten Fakten vermittelt werden, wollen wir mit den Ursachen des isolierten Bettnässens beginnen.

Genetik (Erbfaktoren)
Es besteht kein Zweifel daran, daß beim Bettnässen nicht, wie vermutet, psychische, sondern Erbfaktoren die allerwichtigste Rolle spielen.

Zunächst gibt es in den meisten Familien neben dem Kind weitere Angehörige, die ebenfalls eingenäßt haben. Oft muß man genau nachforschen und auch Großeltern und andere Verwandte fragen. Dabei erfährt man nicht selten, daß über Jahrzehnte das Problem verschwiegen oder einfach «vergessen» wurde.

Je nach Genauigkeit der Erhebung haben 50 bis 80 Prozent aller einnässenden Kinder weitere Verwandte, die ebenfalls einnässen oder als Kinder eingenäßt haben. Das Wiederholungsrisiko liegt bei 44 Prozent, wenn ein Elternteil, bei 77 Prozent, wenn beide Eltern eingenäßt haben[22].

Diese Raten sind ähnlich hoch bei allen Formen des Einnässens – ob primäres, sekundäres, isoliertes Bettnässen oder Einnässen kombiniert mit Blasensymptomen tagsüber. Es scheint demnach so etwas wie ein allgemeines Risiko für welche Form des Einnässens auch immer zu geben. Deshalb gibt es bei Familienangehörigen meistens nicht nur isoliertes Bettnässen, sondern alle möglichen Varianten. Selbst bei Geschwistern ist die Art des Einnässens oft völlig anders. Dies verdeutlicht, daß jeder Mensch als Individuum unterschiedlich auf ähnliche Risiken oder Dispositionen reagiert.

Nur bei einem Drittel der Familien gibt es keine weiteren Verwandten mit Einnässen. Wenn nur wirklich das einzelne Kind betroffen ist, spricht man von sporadischem Einnässen.

Weitere Hinweise für die Bedeutung von Erbfaktoren fanden sich in neuseeländischen Untersuchungen, die über tausend Kinder von Geburt an studiert haben[23]. Dabei zeigte sich, daß das Alter des Trockenwerdens von keinem der vielen psychischen oder sozialen Faktoren abhing, die man erfragt hatte. Am wichtigsten war eindeutig die Tatsache, ob weitere Verwandte eingenäßt hatten. Wenn dies bei zwei oder mehr Verwandten ersten Grades der Fall war, wurden Kinder erst eineinhalb Jahre später trocken. Das heißt zwei einnässende Verwandte in der Familie reichen (statistisch) aus, um die Entwicklung eines Kindes in diesem Bereich um 18 Monate zu verzögern. Eine unglaubliche Tatsache, wenn man bedenkt, wieviele andere Einflüsse auf ein Kind einwirken – innerhalb und außerhalb der Familien. Andererseits bestätigt dies noch einmal die oben erwähnten Schweizer Studien aus den Fünfziger und Siebziger Jahren, die zeigen konnten, daß das Sauberkeitstraining der Eltern keinen Einfluß hat auf das Trockenwerden der Kinder – es erfolgt nach seinen eigenen zeitlichen Gesetzen[6, 7].

Auch die Untersuchungen von Zwillingen unterstützen die Bedeutung von Erbfaktoren[22]. Eineiige Zwillinge, die identische Erbanlagen haben, nässen in 70 Prozent der Fälle beide ein. Dies bezeichnet man als Konkordanzrate. Dagegen nässen nur 30 Prozent der zweieiigen Zwillinge, die sich bezüglich der Erbanlagen wie andere Geschwister unterscheiden, beide ein.

Obwohl diese Ergebnisse der Familien- und Zwillingsuntersuchungen schon seit 30 bis 70 Jahren bekannt sind, wurden sie lange nicht beachtet, da man über Jahrzehnte überzeugt war, daß das Einnässen immer eine «psychische» Krankheit darstellt. Wie im täglichen Leben, werden auch leider in der Psychologie und Medizin eher die Fakten beachtet, die besser in das vorgefertigte «Konzept» passen.

Mit der Entwicklung der Molekulargenetik jedoch kommt man auch beim Bettnässen nicht an der Beachtung der genetischen Ergebnisse vorbei. Seit 1995 werden Untersuchungen an der Erbsubstanz direkt (der DNA) durchgeführt.

Molekulargenetische Untersuchungen – auf der Suche nach dem «Bettnässen-Gen»

Als erster Schritt ist es für molekulargenetische Untersuchungen der Erbsubstanz notwendig, die Art der Vererbung festzustellen, d. h. ob das Bettnässen den Mendel'schen Regeln folgt, an die man sich vielleicht noch aus dem Biologieunterricht erinnert.

Wenn man, wie oben beschrieben, die Familien (auch die Großeltern) genau befragt und einen «Stammbaum» aufzeichnet, findet man in ca. der Hälfte der Familie Hinweise auf einen speziellen Mendel'schen Erbmodus, nämlich einen «autosomal dominanten Erbgang».

Jeder Mensch hat ja 46 Chromosomen, die Träger der Erbsubstanz – zwei Geschlechtschromosomen und 44 andere, die in Paaren vorhanden sind (jeweils eins von der Mutter und eins vom Vater geerbt). Der Begriff «autosomal» bedeutet, daß die Erkrankung nicht auf den Geschlechtschromosomen (d. h. heterosomal), sondern auf einem dieser 44 Chromosomen vererbt wird. «Dominant» bedeutet, daß nur eine Erbanlage, entweder vom Vater oder der Mutter ausreicht, damit die Krankheit tatsächlich auftritt. Das Risiko beträgt für jedes Kind 50 Prozent. Da nicht alle, die eine mögliche Erbanlage tragen, einnässen, spricht man von einer «reduzierten Penetranz». Das Feststellen dieses Erbganges war die Voraussetzung dafür, daß in den letzten Jahren nach den Genen des Einnässens gesucht werden konnte.

Die Gene für das Bettnässen selbst sind zwar noch nicht gefunden worden, dafür aber die «Genorte». Man weiß also ziemlich genau, wo die Gene für das Bettnässen liegen. Ursprünglich hat man geglaubt, daß es sich nur um ein einziges Gen handelt. Inzwischen weiß man, daß die Dinge etwas komplizierter sind als erwartet. Es wurden nicht nur ein Genort, sondern bisher 4 verschiedene «Genorte» auf den Chromosomen mit den Nummern 8, 12, 13 und 22

73

festgestellt. Auch ist gesichert, daß kein Genort mit einer besonderen Form des Einnässens verbunden ist oder daß andersherum von der Form des Einnässens auf einen bestimmten Genort geschlossen werden kann.

All dieses bedeutet, daß die Zusammenhänge zwischen Genen und Einnässen bei jedem Menschen nicht automatisch gleich sind – eher ein tröstlicher Gedanke, der die Individualität betont. Daß jedoch die Wirkung der Gene der wichtigste Faktor bei der Entstehung des Bettnässens ist, daran besteht kein Zweifel. Es ist davon auszugehen, daß in den nächsten Jahren die Gene identifiziert werden und daß man dann die speziellen Zusammenhänge aufklären kann, über die es zur Zeit nur indirekte Hinweise gibt.

Wie reagieren Eltern auf diese neuen genetischen Untersuchungen?

Die Vorstellung, daß Wirkfaktoren außerhalb der eigenen Einflußmöglichkeit eine so wichtige Rolle spielen, wird seitens der Eltern mit Erleichterung aufgenommen. Dann lag es also doch nicht daran, daß ich zu früh wieder angefangen habe zu arbeiten, daß man zu streng war oder zu nachgiebig, daß die Schwester bevorzugt wurde, daß der Vater nie zu Hause war? – Die Liste der Selbstbeschuldigungen läßt sich unendlich weiter fortsetzen. Aus der Psychotherapie ist lange bekannt, daß Schuldgefühle keinerlei positiven Effekt haben – sie hindern einen daran, die Probleme, die anstehen, wirklich zu bearbeiten.

Ein weiterer Hinweis auf die elterliche Entlastung sahen wir darin, daß alle Familien, die angefragt wurden, sich an den molekulargenetische Untersuchungen beteiligten. Es gab einzelne Familien, die enttäuscht darüber waren, daß die Untersuchung nicht bei ihnen durchgeführt werden konnte, da zur Identifikation der Genorte noch bestimmte Voraussetzungen erfüllt sein müssen. Wenn die Gene einmal identifiziert sind, werden diese Tests – wenn Eltern es wünschen – bei jedem Kind durchgeführt werden können.

Das Aufstellen der Stammbäume und Nachfragen bei Verwandten wirkte auf Kinder und Eltern, wie gesagt, sehr befreiend.

Alte «Familiengeheimnisse» traten zu Tage und konnten nun offen besprochen und behandelt werden. «Ich wußte gar nicht, daß Papa und auch Opa ins Bett gemacht haben» wäre so ein typischer Ausspruch der Verwunderung und Erleichterung eines Kindes – so fühlt es sich auch innerhalb der Familie nicht so allein.

Und ein weiterer Punkt ist zu beachten, der für manche Eltern sehr wichtig ist. Genetische Ursache bedeutet nicht, daß das Einnässen dadurch schwerer zu behandeln sei. Der Behandlungserfolg, der gerade beim primären isolierten Einnässen besonders hoch ist, scheint sogar besser zu sein, wenn keine weiteren psychischen Probleme vorliegen. Es gibt viele Hinweise dafür aus anderen Bereichen der Kinderpsychotherapie: so sind manche anderen Störungen mit einer deutlichen Anlagekomponente (z. B. das sog. Aufmerksamkeits-Defizit-Syndrom) besser zu behandeln als manch andere rein psychisch bedingten Probleme (z. B. Kinder, die in der frühen Kindheit vernachlässigt wurden).

Keine Störung der Blase an sich

Zunächst ist sicher, daß beim isolierten Bettnässen, wie schon erwähnt, die Blasenfunktion in keinster Weise gestört ist. Das heißt, daß die Blase nicht, wie häufig angenommen, zu klein ist. Bei diesen bettnässenden Kindern ist sie völlig altersentsprechend – von der Größe, wie auch von ihren Funktionen her –, sowohl tags, wie auch nachts. So ist weder die Speicherung des Urins noch die Entleerung der Blase gestört. Genauere Untersuchungen während des Schlafes konnten zeigen, daß selbst während des Einnässens sich die Blase koordiniert entleert.

Ganz anders ist es bei den Kindern, die tagsüber Drangsymptome, Aufschieben des Wasserlassens oder eine fehlende Koordination zwischen Blasenhohlmuskel und Schließmuskel zeigen. In diesen Fällen handelt es sich um das nicht-isolierte Bettnässen mit deutlichen Auffälligkeiten der Blasenfunktion. Deshalb ist die Abklärung all dieser Faktoren, wie in einem vorherigen Kapitel detailliert ausgeführt, so wichtig.

Bei dem isolierten Bettnässen handelt es sich somit nicht um eine Störung oder Krankheit der Blase, sondern um eine Reifungsverzögerung (oder genauer Reifungsstörung) des zentralen Nervensystems. Dies wird im folgenden genauer erläutert.

Bettnässen als allgemeine Reifungsverzögerung?

In großen wissenschaftlichen Untersuchungen finden sich außerdem Hinweise, daß die Gesamtgruppe der bettnässenden Kinder auch in anderen Bereichen Entwicklungsprobleme zeigt. Dabei muß betont werden, daß viele dieser Probleme gering ausgeprägt sind und sich erst statistisch in großen Untersuchungen von bettnässenden Kinder nachweisen lassen. Was allgemein gilt, muß also beim einzelnen Kind nicht unbedingt zutreffen.

So zeigen Kinder Entwicklungsprobleme im sprachlichen und motorischen Bereich. Bei der Motorik fallen vor allem die sogenannten «weichen» neurologischen Zeichen auf: d. h. es finden sich zwar keine Lähmungen oder andere grobneurologischen Auffälligkeiten, jedoch leichte Probleme im Bereich von Geschicklichkeit, Gleichgewicht, Koordination und der Feinabstimmung der Bewegungen. Diese «weichen» Zeichen lassen sich etwa bei einem Drittel der Kinder feststellen. Auch das Knochenalter (gemessen an Röntgenbildern der Handwurzelknochen) entsprach in einer Untersuchung nicht dem Stand von Gleichaltrigen, sondern dem von jüngeren Kindern. Die Gesamtgruppe der bettnässenden Kinder hatte ferner eine etwas kleinere Körpergröße als Nichteinnässende.

Bettnässen kommt auch bei bestimmten Gruppen von Kindern häufiger vor: bei ehemaligen Frühgeborenen oder bei körperlich und geistig behinderten Kindern.

Was allerdings Intelligenz und Denkfunktionen im allgemeinen betrifft, sind bettnässende Kinder völlig normal und unterscheiden sich nicht von nicht einnässenden Gleichaltrigen.

Die beschriebenen Probleme können als «Teilleistungsschwächen» oder «spezifische Entwicklungsstörungen» aufgefaßt werden. Sie werden definiert als umschriebene, meist anlagebedingte Schwächen – bei ansonsten völlig altersentsprechender Entwicklung[1]. Sie beziehen sich neben dem Bereich der Motorik auch auf Sprache und Sprechen, sowie spezielle schulbezogene Bereiche wie Lesen/Schreiben (Legasthenie) oder Rechnen (Dyskalkulie). Die Schwächen müssen jedoch deutlich von der allgemeinen Intelligenz und dem Entwicklungsstand abweichen. Deshalb ist zur Diagnose unbedingt ein psychologischer Test erforderlich.

Wenn ein bettnässendes Kind Hinweise auf Teilleistungsschwächen aufweist, ist das Vorgehen eindeutig: die Teilleistungsschwäche sollte exakt (testpsychologisch, logopädisch, usw.) untersucht werden. Bei entsprechendem Schweregrad sind Übungsbehandlungen angezeigt. Diese Übungen sollten gezielt auf den Problembereich ausgerichtet sein, der zu fördern ist: d. h. die motorischen Auffälligkeiten mit Ergotherapie oder Psychomotorik, die sprachlichen mit Sprachheiltherapie (Logopädie) und die Lese-Rechtschreibschwäche mit speziellen Übungen und Förderunterricht. Spiel- oder sonstige Psychotherapien sind nur angezeigt, falls tatsächlich eine weitergehende psychische Störung oder Verhaltensproblematik vorliegt.

Zur Verdeutlichung sollen folgende zwei Fallbeispiele dienen:

Beispiel 11:
Primäres isoliertes Bettnässen;
Störung der Feinmotorik; Hyperkinetisches Syndrom
mit Störung von Aufmerksamkeit und Aktivität

Thomas, ein neunjähriger Junge, näßt viermal die Woche, zum Teil mehrfach pro Nacht, große Mengen ein. Da er keine Pampers tragen möchte, legt die Mutter Unterlagen ins Bett. Eine Operation wegen Vorhautverengung (Phimose) und eine Blasenspiegelung wurden durchgeführt. Ein Behandlungsversuch mit einem Klingelgerät im Alter von fünf bis sechs Jahren war ohne Erfolg. Unter dem Medikament Desmopressin näßte er zwar weniger, aber immer noch jede dritte Nacht ein.

In der Vorgeschichte zeigte Thomas verschiedene psychische Störungen und Entwicklungsprobleme. Er begann zwar mit zwölf Monaten, frei zu laufen, war jedoch ungeschickt, zappelig, unruhig und erlitt häufig Unfälle mit Platzwunden. Er wollte immer verschiedene Dinge gleichzeitig tun und handelte oft ohne zu überlegen. Auch die Sprachentwicklung war leicht verzögert mit Ausspracheproblemen.

Im Alter von dreieinhalb Jahren kamen mehrere schwierige Lebensereignisse zusammen. Seine leiblichen Eltern trennten sich, er zog mit seiner Mutter um, die zusätzlich jetzt stärker beruflich eingebunden war. Er wurde aggressiver, zeigte Trennungs- und Verlassenheitsängste und sprach fremde Männer an, mit dem Wunsch, wieder einen Vater zu haben. Er entwickelte morgendliche Bauchschmerzen und klagte häufig über Kopfschmerzen. Wegen dieser emotionalen Schwierigkeiten wurde eine Spieltherapie über zwei Jahre mit Erfolg durchgeführt. Jetzt besucht er die dritte Klasse mit guten Leistungen und hat viele Freizeitinteressen.

Die kinderärztliche Untersuchung zeigte neben einem leichten Übergewicht deutliche Haltungsauffälligkeiten mit Rundrücken im Brustwirbelbereich und abstehenden Schulterblättern. Er konnte nur acht bis zehn Sekunden auf einem Bein stehen (üblich wären mindestens 20) und zeigte ausgeprägte Gleichgewichtsprobleme, wenn er auf den Hacken, auf den Zehen oder entlang eines Striches laufen sollte. Dies war ihm nur möglich, wenn er mit beiden Armen (wie ein Seiltänzer) Ausgleichsbewegungen durchführte. Auch die Fingergeschicklichkeit war deutlich eingeschränkt.

Thomas zeigte somit eine ausgeprägte Störung der Fein- und der Grobmotorik, für die z. B. eine psychomotorische Behandlung sinnvoll wäre. Auch jede Art von Sport wäre zu empfehlen, vor allem jene Sportarten, bei denen es auf Geschicklichkeit, Koordination und Gleichgewicht ankommt.

Zudem verhielt er sich in der Untersuchungssituation motorisch unruhig, albern, distanzgemindert und war leicht abgelenkt. Die Intelligenz lag im Durchschnittsbereich.

Vom Verhalten her liegt bei Thomas ein Hyperkinetisches Syndrom vor, heutzutage bekannt unter «ADS» (Aufmerksamkeits-Defizit-Syndrom). Typisch ist der Beginn in der frühen Kindheit, die gesteigerte Motorik, erhöhte Ablenkbarkeit und Impulsivität, d. h. Handeln, ohne darüber nachzudenken. Kinder mit diesen Problemen reagieren z. T. besonders empfindlich, wenn zusätzliche Belastungen hinzukommen. Thomas zeigte ausgeprägte Verhaltensprobleme nach der Trennung der Eltern, die dank der Spieltherapie und der Unterstützung durch seine Mutter bewältigt werden konnten.

Da er in der Klasse keine Verhaltensauffälligkeiten zeigte, konnte zu diesem Zeitpunkt auf eine medikamentöse Behandlung mit Ritalin (Methyphenidat) verzichtet werden. Dieses Medikament bewirkt — korrekt eingesetzt —, daß Kinder etwas weniger unruhig sind und sich auch etwas länger konzentrieren können. Dadurch können sie länger bei einer Sache bleiben, sind weniger abgelenkt und reagieren weniger impulsiv. Für viele Kinder mit einem Hyperkinetischen Syndrom ermöglicht Ritalin überhaupt erst eine Regelbeschulung — aber, wie gesagt, bei Thomas war es nicht notwendig und sollte natürlich in einem solchen Fall nicht unnötigerweise gegeben werden.

Wegen des Bettnässens wurde ein erneuter Versuch mit einem tragbaren Gerät vereinbart, da die letzte Behandlung mit einem Klingelgerät mehrere Jahre zurücklag. Thomas zeigte sich sehr bemüht, mitzumachen — und in nur 9 Wochen war er absolut trocken.

Beispiel 12:
Lese-Rechtschreibschwäche (Legasthenie);
leichte depressive Episode; sekundäres Bettnässen;
sekundäre Aufschubstörung tags

Michaela, ein siebenjähriges Mädchen, fing vor sechs Monaten tags und nachts wieder an einzunässen, nachdem sie mit zweieinhalb Jahren vollkommen trocken gewesen war. Nachts näßt sie zwei bis drei Mal pro Woche ein, die Mengen sind mittelgroß, aber sie wird dabei wach. Tags näßt sie jeden Tag mehrfach ein, schiebt das Wasserlassen möglichst lange hinaus, setzt sich dabei auf die Ferse und hampelt hin und her.

Das Wiedereinnässen begann zeitgleich mit schulischen Schwierigkeiten. Sie besucht derzeit die zweite Klasse und zeigt zunehmende Probleme beim Lesen und Schreiben, die sie mit Auswendiglernen zu überspielen versucht. Auch sonst hat sie sich verändert: sie wirkt unglücklich, resigniert, zurückgezogen, schüchtern, verlegen, leicht abgelenkt und kann sich nicht konzentrieren. Sie lebt bei den leiblichen Eltern, die Wohnverhältnisse sind eng, sonst keine wesentlichen Belastungen.

In der psychologischen Untersuchung zeigte sich, daß sie eine Grundintelligenz im Durchschnittsbereich hatte. In einem Rechtschreibtest für die zweite Klasse erzielte sie weit unterdurchschnittliche Leistungen, die einem Prozentrang von 0 entsprachen: dies bedeutet, daß sie in der Rechtschreibung so schwach war, daß von vergleichbaren Zweitkläßlern keiner schlechter, aber alle (100 Prozent) besser waren.

Dies entspricht einer Legasthenie in so extremer Form, wie sie selten auftritt. Das Wiedereinnässen, wie auch die Depression sind direkte Folgen dieser Teilleistungsschwäche, wie man es sich leicht vorstellen kann. Michaela strengte sich maximal an mit Auswendiglernen und mußte täglich immer wieder die Frustration erleben zu versagen. Es wurde deshalb ein intensives, spezielles Training an einem Institut für Kinder mit Legasthenie begonnen.

Für das Einnässen reichte ein Sonne-Wolken-Kalender nachts und ein Plan tags mit häufigeren Toilettenzeiten. Eine Psychotherapie wäre nur zu erwägen gewesen, wenn sich die depressiven Zeichen trotz Legastthenietrainings nicht zurückgebildet hätten.

Diese Teilleistungsstörungen können, wie in dem letzten Beispiel, sehr ausgeprägt sein. Ohne exakte Diagnose wäre eine gezielte Behandlung nicht möglich gewesen. Zum Glück wurde bei Michaela die Diagnose schon in der zweiten Klasse gestellt. Es kommt immer wieder vor, daß die Störung erst sehr viel später entdeckt wird – bis zu dem Zeitpunkt können sich auch noch Verhaltensprobleme so verfestigt haben, daß sie gesondert behandelt werden müssen.

Die besprochenen Entwicklungsschwächen treffen für eine Minderheit der bettnässenden Kinder zu. Sehr viel deutlicher wird der Aspekt der Entwicklungsverzögerung bei dem Schlafverhalten der Kinder, das fast alle Kinder mit Bettnässen betrifft.

Schlafstörungen

Viele Eltern können sehr genau berichten, daß ihr Kind sehr, sehr tief schläft und schwer erweckbar ist. Sie berichten von verzweifelten Versuchen, das Kind wach zu bekommen, die trotz heftigem Rütteln und Schütteln scheitern. Am nächsten Morgen erinnern sie sich kaum daran, selbst wenn sie von ihren Eltern auf die Toilette geleitet wurden. Diese genauen elterlichen Beobachtungen wurden lange angezweifelt. Neuere Untersuchungen konnten jedoch zeigen, daß die Eltern wirklich Recht haben.

In einer Untersuchung wurden Eltern gebeten, ihre Kinder jeweils um fünf Uhr morgens zu wecken und den Schweregrad des Weckens auf einer Skala einzutragen. Die einnässenden Kinder konnten sehr viel schlechter als Nichteinnässende geweckt werden. Noch genauer waren exakte Weckversuche durch eine kanadische Untersuchung[10]: In verschiedenen Schlafstadien wurden Kindern über Kopfhörer Wecklaute bis zu einer Lautstärke von 120 Dezibel angeboten. Dieses entspricht dem Krach, den Düsenflugzeuge beim Start verursachen. Dabei wurden die einnässenden Kinder bei nur neun Prozent der Weckversuche wach, sehr viel seltener als die nicht einnässenden Kinder bei 40 Prozent.

Das Bettnässen stellt eine Störung der Erweckbarkeit, nicht jedoch des Schlafes allgemein dar. Diese Aussage mag paradox klingen, wurde aber durch andere Untersuchungen untermauert. So konnte wiederholt in Schlafuntersuchungen, bei denen Hirnströme und andere körperliche Aktivitäten gleichzeitig abgeleitet wurden, gezeigt werden, daß das Schlafmuster völlig unauffällig ist. Der Schlaf durchläuft in der Nacht mehrere Schlafphasen: beginnend mit leichtem Schlaf, gefolgt von zunehmend tiefem Schlaf und einer anschließenden Traumphase – das ganze wiederholt sich mehrere Male. Die Traumphase wird auch als REM-Phase (oder Rapid-Eye-Movement) bezeichnet, nach den schnellen Augenbewegungen, die auf Traumereignisse hinweisen. Dieser gesamte Ablauf, auch Schlafarchitektur genannt, ist bei bettnässenden Kindern unauffällig – dennoch sind sie schwer erweckbar. Dieser anscheinende Widerspruch läßt sich folgendermaßen erklären: ein tiefes Schlafstadium ist nicht mit schwerer Erweckbarkeit gleichzusetzen – es gibt nur eine geringe Übereinstimmung zwischen beiden. So gibt es Kinder, die in allen Schlafstadien leichter erweckbar sind – und andererseits Kinder, die sich auch im leichten Schlaf nur sehr schwer erwecken lassen. Die Erweckbarkeit läßt sich leider nicht direkt in den Hirnströmen ablesen, die nur das Schlafstadium messen. Die Erweckbarkeit wird über tiefer gelegene Zentren im Hirnstamm, die in der Nähe des Blasenzentrums liegen, vermittelt – und kann nur über spezielle Untersuchungen erforscht werden.

Die Schlafuntersuchungen konnten aber noch weitere wichtige Befunde liefern: so weiß man, daß das Einnässen nichts mit Epilepsie oder mit anderen Anfällen zu tun hat – also keine krampfhafte Entladung des Gehirns darstellt. Es ist also nicht gleichzusetzen mit irgendeiner Erkrankung des Gehirns.

Ferner tritt das Einnässen zufällig in allen Schlafstadien, ob im tiefen oder leichten Schlaf, auf – ohne erkennbares Muster. Intuitiv würde man ja vermuten, daß es bevorzugt im tiefen Schlaf zum Einnässen kommt – dies ist mit Sicherheit nicht der Fall.

Es ist weiter gesichert, daß das Einnässen nicht einem Traum entspricht, obwohl einige Kinder von «Einnäßträumen» berichten: sie schwimmen im See, fahren Kanu, wollen gerade noch rechtzeitig die Toilette erreichen, usw. – als sie erwachen, merken sie, daß das Bett naß ist. In diesen Fällen mag das Einnässen zufällig in einer Traumphase aufgetreten und deshalb so lebhaft erinnert worden sein. Die vielen anderen Male ohne solche eindrücklichen Träume werden eben nicht erinnert. Es ist eher so, daß das Auftreten in einer Traumphase sogar die Ausnahme darstellt – sehr viel häufiger kommt es in den Nicht-Traumphasen zum Einnässen.

Eine bisher unerklärliche Tatsache ist jedoch, daß das Bettnässen gehäuft in den ersten Stunden nach dem Einschlafen stattfindet. Wie ist das möglich? Intuitiv würde man vermuten, daß die Blase sich langsam über die ganze Nacht hinweg füllt und in den frühen Morgenstunden so voll ist, daß es zum Überlaufen kommt. Statt dessen kommt es gerade in den Stunden direkt nach dem Einschlafen am häufigsten zum Einnässen. Dies erklärt auch, warum manche Kinder während des Mittagsschlafes, der sehr viel kürzer als der nächtliche Schlaf ist, einnässen. Deshalb sprechen manche Wissenschaftler sogar von einer «Schlafenuresis» statt einer «nächtlichen Enuresis». Möglicherweise kommt es gerade in dieser Zeit zu besonders geringer Ausschüttung von Hormonen und einer besonders starken Urinbildung, wie es im nächsten Abschnitt diskutiert wird. Letztendlich ist dieses Phänomen zur Zeit nicht geklärt.

Schwere Erweckbarkeit:
eine Reifungs- oder Entwicklungsverzögerung?

Eine weitere wichtige Frage ist die, ob diese schwere Erweckbarkeit nicht auch eine Reifungs- oder Entwicklungsverzögerung ist[24]. Könnte dies nicht ein Überrest von Reaktionen darstellen, die eher typisch für das Säuglings- oder Kleinkindesalter sind? Hinweise für diese Überlegungen erbrachten Untersuchungen aus Japan an über tausend Kindern[25]. Es zeigte sich nämlich, daß es durchaus Unterschiede der Erweckbarkeit, selbst bei bettnässenden Kindern, gibt. Die eine Gruppe (circa zehn Prozent) schläft so tief, daß sie praktisch keinerlei Reaktionen in den gemessenen Hirnströmen vor dem Einnässen zeigt. Dies könnte als schwere Störung der Erweckbarkeit gedeutet werden, die als typische und normale Reaktion bei Kindern unter einem Alter von zwei Jahren zu finden ist. Die zweite Gruppe (circa 60 Prozent) wechselt vor dem Einnässen von einem tieferen in ein weniger tiefes Schlafstadium über – die Kinder schlafen «leichter» weiter, aber es reicht nicht aus, um ganz wach zu werden. Dies könnte als eine leichte Störung der Erweckbarkeit gesehen werden, die typisch bei Kindern über einem Alter von zwei Jahren ist.

Bei der dritten Gruppe (circa 30 Prozent) finden sich ungehemmte Blasenkontraktionen, aber keine Reaktionen des zentralen Nervensystems. Diese Form kommt in früheren Entwicklungsstadien nicht vor, sondern stellt ganz eindeutig eine Störung der Blase dar. Wie schon ausgeführt, wäre diese Gruppe gleichzusetzen mit der Drangstörung, bei der es in der Füllungsphase der Blase zu unkontrollierten Druckschwankungen durch Kontraktionen des Blasenhohlmuskels kommt.

Ohne Zweifel ist das fehlende Erwachen gerade dann, wenn die Blase gefüllt ist und sich entleeren möchte, die wichtigste Ursache für das Einnässen. Dies wird erschwert durch die Tatsache, daß viele einnässende Kinder mehr Urin bilden als nicht einnässende Kinder. Wie kann man die Zusammenhänge verstehen?

Vermehrte Urinproduktion:
zu viel Trinkflüssigkeit ist nicht die Ursache

Die erschwerte Erweckbarkeit weist auf eine «Regulationsstörung» im Bereich des zentralen Nervensystems, vor allem des Hirnstammes, hin. In diesem Bereich des Gehirnes liegen Zellkerne, die sowohl die Blasenfunktion im Schlaf steuern wie auch die Reaktionen gegenüber äußeren Reizen, d. h. die Erweckbarkeit.

Man geht davon aus, daß einnässende Kinder im Schlaf Schwierigkeiten zeigen, die Füllungsreize von der Blase wahrzunehmen und den Entleerungsreflex der Blase zu unterdrücken. Diese Schwierigkeiten werden noch verstärkt durch die Tatsache, daß viele Kinder tatsächlich mehr Urin bilden als nicht einnässende Kinder. Dieses Phänomen bezeichnet man als «Polyurie», was vermehrte Urinproduktion bedeutet.

Auch dies dürfte den meisten Eltern nur allzu gut bekannt sein. Sie berichten fast alle, daß ungeheure Flüssigkeitsmengen sich nachts ins Bett ergießen. Es sind nicht nur ein paar Tropfen, das Bett «schwimmt» und ist triefend naß. Gummi- oder Zellstoffunterlagen werden fast immer verwendet, trotzdem ist das ganze Bett, z. T. auch die Bettdecke vollkommen naß. Es fallen riesige Wäscheberge an. Neben der vermehrten Arbeit bedeutet dies für manche Familien auch eine nicht zu vernachlässigende finanzielle Belastung.

Wenn statt dessen Windeln verwendet werden, sind diese morgens schwer mit Urin gefüllt. Manche Eltern verwenden sogar noch zusätzliche Einlagen, die sie in die Windeln legen, da selbst Pampers die Mengen nicht auffangen würden. Nur so kann vermieden werden, daß trotz Windeln das Bett naß wird.

Woher kommen diese Flüssigkeitsmengen? Mit Sicherheit nicht von übermäßigem Trinken, wie viele Eltern es vermuten. Es gibt nur eine extrem kleine Gruppe von Kindern, die so exzessiv trinkt, daß sie deshalb nachts zu viel Urin bildet. Dies bezeichnet man als «Polidipsie», d. h. übermäßiges Trinken, und trifft nur auf Kinder zu, die drei bis sieben Liter am Tag trinken.

Im Gegenteil, die meisten Kinder in Europa trinken zu wenig. Deutschland könnte man sogar als eine Durstgesellschaft bezeichnen. Kindern wird häufig von früh an das Trinken während der

Mahlzeiten abgewöhnt, angeblich weil es den Appetit verdirbt. Das wenige Trinken wird dann zu einer Gewohnheit, die dann auch im Erwachsenenalter beibehalten wird, mit erhöhten Risiken für die Nieren. Dabei gelten – dies ist vielen nicht bewußt – koffeinhaltige Getränke wie Coca-Cola, Kaffee und Tee nicht – da durch sie mehr Flüssigkeit ausgeschieden als aufgenommen wird (sie regen die Diurese, d. h. die Wasserausscheidung stark an). In anderen Ländern, z. B. den USA, wird ein anderer Umgang mit dem Trinken gepflegt – zu jeder Mahlzeit, auch in Restaurants, wird automatisch ein Glas Wasser gereicht, und das Trinken aktiv gefördert.

Aber woher kommen diese Urinmassen, wenn nicht durch die Trinkflüssigkeit? Um die Zusammenhänge zu verstehen, ist es wichtig, die Grundzüge der Urinproduktion zu erläutern.

Vermehrte Urinproduktion: das Antidiuretische Hormon (ADH)

Die Urinproduktion wird über ein kompliziertes System von Regelkreisen u. a. durch das antidiuretische Hormon (ADH) reguliert[11]. Wie der Name ausdrückt, bewirkt dieses Hormon eine Antidiurese, d. h. es verhindert die Produktion von Urin (anti = gegen; Diurese = Urinbildung). Wie viele andere Hormone des Körpers, unterliegt es Schwankungen zwischen Tag und Nacht. Dies sind völlig normale, fein abgestimmte Rhythmen, die man nicht merkt, die aber für das Wohlbefinden ganz entscheidend sind. Kommen diese Rhythmen aus dem Gleichgewicht, zum Beispiel nach einem langen Flug mit Zeitverschiebung, wirkt sich das deutlich spürbar aus, beim sogenannten «Jetlag».

Auch dieses antidiuretische Hormon schwankt in seiner Ausschüttung. Während es tagsüber in geringeren Mengen gebildet wird, steigt die Ausschüttung nachts deutlich an. Dies bewirkt, daß relativ gesehen tagsüber mehr Urin produziert wird (wenig Hormon = viel Urin tags), nachts dagegen die Urinproduktion gedrosselt wird (viel Hormon = wenig Urin nachts). Bei einer geringeren Urinmenge nachts steigt die Konzentration an. Dies kann man daran merken, daß der erste Urin nach dem Aufstehen konzentrierter wirkt als während des Tages.

Bei Kindern mit einem isolierten Bettnässen ist dieser natürliche Rhythmus verändert. In mehreren Untersuchungen fanden sich bei vielen (aber nicht bei allen) einnässenden Kindern eine weitgehende Aufhebung dieser Tag-/Nachtschwankungen. Sie schütten tags und nachts ähnlich viel antidiuretisches Hormon aus. Dieses bedeutet, daß nachts relativ weniger antidiuretisches Hormon gebildet wird und daß die Mengen von stärker verdünntem Urin deutlich ansteigen (Polyurie).

In keinem Fall liegt ein Mangel des Hormones vor – nur die relative Verteilung zwischen Tag und Nacht hat sich so ungünstig verschoben, daß bei einigen Kindern sogar so viel Urin gebildet wird, daß es das Fassungsvermögen der Blase übersteigt. Es ist also für manche Kinder unmöglich, die ganze Menge zu halten – sie müssen sozusagen entweder einnässen oder aufwachen und auf die Toilette gehen.

Die vermehrte Urinproduktion ist demnach ein erschwerender Grund, reicht aber als einzige Erklärung nicht aus. Wenn man, wie in einer Untersuchung, nicht bettnässenden Kindern sehr viel zu trinken und zusätzlich ein wasserausscheidendes Medikament (Diuretikum) gibt, reagieren sie eben nicht, wie man vermuten könnte, mit typischem Bettnässen, sondern sie wachen rechtzeitig auf oder in wenigen Fällen unmittelbar nach dem Einnässen, so daß die Einnäßmengen immer gering sind[26]. Ähnliches läuft bei Erwachsenen ab, die z. B. bei einer Feier ein Bier zuviel getrunken haben. Auch sie würden üblicherweise nicht ins Bett machen, sondern in der Nacht aufstehen und auf die Toilette gehen. Dies bezeichnet man, wie schon erwähnt, als Nykturie (d. h. nächtliches Wasserlassen).

Zusammenhänge von genetischen und psychischen Ursachen beim Bettnässen

Nach den bisherigen Ausführungen kann das isolierte Bettnässen zu recht als eine genetisch bedingte Reifungsstörung des zentralen Nervensystems aufgefaßt werden. Eine rein psychogen bedingte Störung ist es mit Sicherheit nicht. Die Zusammenhänge sind sehr viel komplexer. Heutzutage ist das schablonenhafte Denken in entweder erblich oder umweltbedingt zum Glück aufgegeben worden. Es geht vielmehr um die Frage, wie erbliche Neigungen, Dispositionen durch Umweltfaktoren verstärkt oder vermindert werden können. Warum reagiert ein Kind z. B. mit Wiedereinnässen, während ein anderes Kind auf eine ganz vergleichbare Belastung mit einem ganz anderen Problem, zum Beispiel einer Depression, reagieren würde?

Welche Zusammenhänge und inwiefern gegenseitige Beeinflussung mit psychischen Faktoren zu finden sind, soll in dem nächsten Kapitel besprochen werden.

4.3. Wann und wie häufig zeigen bettnässende Kinder Verhaltensauffälligkeiten?

Es besteht gar kein Zweifel daran, daß Kinder, die unter Einnässen leiden, verunsichert sind, sich in Frage stellen und Gefühle der Traurigkeit zeigen. Dies ist bei einem Leiden, das sie als unbeeinflußbar und nicht mehr zu ihrem Alter passend erleben, nachvollziehbar. Es ist eine adäquate, verständliche Reaktion des Kindes, die von selber verschwinden kann, wenn das Kind trocken geworden ist.

Diese Reaktionen sollten nicht, was immer noch häufig geschieht, mit tatsächlichen Verhaltensauffälligkeiten gleichgesetzt werden. Ein Kind kann traurig sein, ohne deshalb eine Depression zu haben. In der Vergangenheit wurde fälschlicherweise von den Gefühlen der Traurigkeit auf eine grundlegende Störung geschlossen. Meistens wurde noch impliziert, daß die Eltern – bewußt oder unbewußt – einen entscheidenden Anteil an dem Leid des Kindes hätten. Wenn Eltern zusätzlich unter Schuldgefühlen leiden, sind sie nur allzu gerne bereit, solche Theorien aufzunehmen und auf sich zu beziehen.

Doch woher stammen solche Annahmen, die sich hartnäckig halten, obwohl neuere Untersuchungen sie längst widerlegt haben? Es sind historische Theorien, die seit 80 Jahren im Umfeld der psychoanalytischen Sichtweise entstanden. Es sollte dabei bemerkt werden, daß sie nicht auf direkte Beobachtungen oder empirische Untersuchungen beruhen, sondern rein theoretische Konstrukte sind.

Einnässen als psychische Störung?

Es gibt eine Theorie der Psychoanalyse, die das Einnässen als Ausdruck eines unbewußten Konfliktes sieht. Dabei handelt es sich um sexuelle oder aggressive Triebimpulse, die verdrängt und auf einer früheren Stufe der Entwicklung stehengeblieben sind. Im Fachausdruck wird dies als «Fixierung» bezeichnet. An diesem Prozeß sind Eltern – ob bewußt oder nicht – als maßgebliche Bezugspersonen aktiv beteiligt.

Aus psychoanalytischer Sicht handelt es sich beim Bettnässen nur um ein Symptom, das auf eine frühere, problematisch bewältigte Entwicklungsstufe verweist. Aus diesem Grund – so die Argumentation – nütze es wenig, das Bettnässen direkt zu behandeln, denn der zugrundeliegende Konflikt werde dadurch nicht berührt. Eine Behandlung des Bettnässens selbst könne sogar schädlich sein, da der Konflikt sich dann eben einen neuen Weg aus dem Unbewußten sucht – in Form eines neuen Symptoms. Dieser postulierte Mechanismus wurde als «Symptomverschiebung» bezeichnet.

Aus dieser Überlegung heraus werden für das Bettnässen psychoanalytische Spiel- oder Gesprächspsychotherapien durchgeführt, die bei anderen Problemen sehr nützlich und wirksam sind – beim Bettnässen aber zu keiner Besserung führen.

Besserung der Selbstwertprobleme mit Trockenwerden

Mehrere Untersuchungen haben eindeutig zeigen können, daß bettnässende Kinder unter ausgeprägten Selbstwertproblemen leiden[27]. In einer repräsentativen bevölkerungsbezogenen Schwedischen Studie war das Selbstwertgefühl von einnässenden Kindern signifikant niedriger als bei Gleichaltrigen, vor allem bei Jungen[28]. Unter symptomatischer Therapie des Einnässens stieg es nach drei Monaten an und zeigte mit sechs Monaten keinen Unterschied mehr, wenn Kinder trocken wurden. In anderen Worten: Die beste Hilfe für das subjektive Leiden der einnässenden Kinder ist das Trockenwerden.

Diese Veränderungen erleben Eltern direkt – und in der Folge geht es auch ihnen besser. In der Sprechstunde ist es einer der erfreulichsten Augenblicke, wenn ein Kind stolz mit seinen Plänen und seinem Kalender kommt und verkündet, es sei jetzt trocken.

Das Fazit ist: in jedem Fall sollte immer das Einnässen direkt behandelt werden – je früher das Kind trocken wird, desto besser. Bisher konnte außerdem kein Hinweis auf eine Symptomverschiebung gefunden werden – es tauchte kein neues Problem auf.

Häufigkeit von Verhaltensauffälligkeiten allgemein

Das wichtigste Argument gegen die Annahmen der Psychoanalyse ist, daß Bettnässen – vor allem die isolierte Form des Bettnässens – nicht automatisch mit psychischen Auffälligkeiten einhergeht; es ist eher die Ausnahme. So konnte gezeigt werden, daß die meisten Kinder mit Einnässen nicht verhaltensauffällig sind.

Die Rate von Verhaltensauffälligkeiten ist insgesamt bei allen einnässenden Kindern um einen Faktor von zwei bis vier erhöht. Dabei handelt es sich um relevante Auffälligkeiten, wie sie offiziell nach den Diagnosemanualen ICD-10[1] oder DSM-IV[2] definiert sind – also nicht nur um Selbstwertprobleme und Unglücklichsein.

Wenn man diese Definitionen zugrunde legt, zeigen 12 bis 14 Prozent aller Kinder in der Bevölkerung Auffälligkeiten, die zumindest einer Abklärung, Beratung, zum Teil auch Behandlung bedürfen. Diese Zahl findet man in fast allen Gesellschaften für das Kinder- und Jugendalter.

Wenn die Rate bei einnässenden Kindern 2 bis 4 mal höher liegt, dann wären maximal 20 bis 50 Prozent aller Kinder betroffen – die meisten also nicht. Dies bezieht sich auf die Gesamtgruppe aller einnässenden Kinder. Wie man inzwischen weiß, gibt es deutliche Unterschiede zwischen den einzelnen Formen, so daß eine differenzierte Betrachtung unbedingt notwendig ist.

Verhaltensauffälligkeiten bei Einnässen tags im Vergleich zu nachts

Insgesamt finden sich mehr Verhaltensauffälligkeiten bei Kindern, die tags einnässen, als bei den Bettnässern – dies konnten verschiedene Untersuchungen zeigen, die meistens nur Gesamtgruppen miteinander verglichen.

Um einen genaueren Einblick zu vermitteln, sollen Ergebnisse aus einer eigenen Untersuchung dargestellt werden. Diese Gegenüberstellung hat sich für viele Eltern als sehr hilfreich erwiesen.

Tabelle 2: Psychische Störungen –
Vergleich zwischen tags und nachts einnässenden Kindern[29]

ICD-10 Diagnosen	Einnässen tags	Einnässen nachts
	(oder tags+nachts)	
Expansive Störungen	28,1%	17,3%
Hyperkinetische Störungen	10,5%	9,1%
Störung des Sozialverhaltens	17,5%	8,2%
Emotionale Störungen	19,5%	8,2%
Enkopresis (Einkoten)	24,6%	5,5%
andere	3,5%	7,3%
Mindestens eine Diagnose	52,6%	33,6%

Man sieht in Tabelle 2 (unterste Zeile) zunächst, daß eindeutig mehr Kinder, die tags einnäßten, eine psychische Auffälligkeit zeigten, wenn man die klinischen Richtlinien der ICD-10 zugrunde legt[1]. Es muß dabei nochmals betont werden, daß eine Diagnose (oder klinisch bedeutsame Auffälligkeit) weder etwas über den Schweregrad aussagt noch impliziert, daß in jedem Fall eine Behandlung notwendig ist. In den meisten Fällen genügt eine Abklärung und Beratung der Eltern und des Kindes – in manchen sind jedoch intensivere Behandlungen notwendig.

Genauso wichtig ist der Befund, daß von den Kindern, die nur nachts einnässen, nur ein Drittel auffällig sind – oder umgedreht: zwei Drittel der Kinder sind psychisch völlig unauffällig – sie nässen ein und sonst gar nichts! Von daher sollte sich bei dieser Mehrheit die Frage nach einer Psychotherapie vollkommen erübrigen!

Welche Verhaltensauffälligkeiten finden sich bei einnässenden Kindern?

Auch zu dieser Frage liefert Tabelle 2 einige wichtige Hinweise. Es sind eine Vielzahl von verschiedenen Auffälligkeiten möglich – es gibt keine für das Einnässen spezielle Problematik. Wenn man die

Störungen genauer untersucht, sind sowohl bei tags wie auch bei nachts einnässenden Kindern sogenannte expansive Störungen am häufigsten. Was versteht man darunter? Grob gesagt, sind expansive Störungen solche mit einem nach außen gerichteten, sichtbaren, meist störenden Verhalten. Zu diesen zählt die Störung des Sozialverhaltens mit einer deutlichen Neigung, Regeln und Normen zu überschreiten – häufig mit ausgeprägt verweigerndem, oppositionellem Verhalten. Diese sind relativ häufiger bei Kindern, die (auch) tags einnässen. In der Behandlung kann die Verhaltenstherapie mit einer direkten Beeinflussung des Sozialverhaltens sinnvoll sein.

Zu den expansiven Störungen zählt ferner das schon erwähnte Hyperkinetische Syndrom (neuerdings unter ADS bekannt) mit folgenden Zeichen: gesteigerte Motorik – die Kinder sind zappelig und unruhig; sie können sich nicht lange konzentrieren; sie sind leicht ablenkbar durch andere Reize; und sie handeln impulsiv, d. h. sie überlegen nicht lange vor einer Handlung. In der Behandlung haben sich Elternberatung, Verhaltenstherapie und Medikamente wie Ritalin bewährt.

Hyperkinetische Störungen sind bei tags und bei nachts einnässenden Kindern etwa gleich häufig. Falls Kinder mit nächtlichem Einnässen überhaupt auffällig sind, dann sind es Probleme mit der Motorik und der Aufmerksamkeit. Man müßte also das Bild des bettnässenden Kindes deutlich revidieren: Die meisten Kinder sind sowieso unauffällig, und diejenigen, die Probleme zeigen, sind eher unruhig und zappelig als traurig, ängstlich und zurückgezogen.

Auch emotionale Störungen wie z. B. Depressionen, Angststörungen, usw. sind bei den (auch) tags einnässenden Kindern deutlich häufiger. Schließlich koten auch tags einnässende Kinder häufiger ein, was aufgrund der Nähe von Harntrakt und Darm verständlich ist.

Verhaltensauffälligkeiten bei Kindern mit verschiedenen Formen des Einnässen

Wenn man die verschiedenen Einnäßformen weiter aufschlüsselt, ergeben sich weitere wichtige Unterschiede, wie aus eigenen Untersuchungen in Tabelle 3 zusammengefaßt wird. Zunächst fällt auf, daß Kinder mit einem *sekundären Einnässen*, d. h. Kinder, die einen Rückfall nach einer trockenen Periode erlitten haben, deutlich anfälliger sind für psychische Störungen: 75 Prozent erfüllen die Kriterien. Damit ist das die Gruppe mit dem höchsten Risiko – höher sogar als die tags einnässenden Kinder.

Kinder mit einem *primären Bettnässen* (d. h. noch nie trocken) zeigten in nur 19,5 Prozent der Fälle Auffälligkeiten. Noch wichtiger ist die Unterscheidung zwischen einem isolierten und nicht-isolierten Bettnässen. Kinder mit einem reinen *isolierten Bettnässen* waren nur in 10 Prozent der Fälle auffällig. Wenn man dies mit den bevölkerungsbezogenen Zahlen von 12–14 Prozent (die alle Kinder betreffen) vergleicht, so ergibt sich eindeutig, daß Kinder mit einem primären isolierten Bettnässen nicht auffälliger sind als ihre Altersgenossen, die nicht einnässen. Damit dürfte deutlich sein, daß das isolierte Bettnässen keine psychische Störung darstellt. Bei den *nicht-isolierten Bettnässern* (d. h. mit Zeichen von Blasenfunktionsstörungen, aber keinem Einnässen tags) ist dagegen die Rate doppelt so hoch wie in der Bevölkerung – sie sind schon eine Risikogruppe, aber nicht so ausgeprägt wie die tags einnässenden Kinder.

Von der letzteren Gruppe zeigen Kinder mit einer *Drangstörung* die geringsten, mit einer *Aufschubstörung* die häufigsten (und ausgeprägtesten) Probleme. Auch dies ist gut nachvollziehbar, da die Drangstörung genetisch bedingt, die Aufschubstörung letztendlich als eine Subgruppe der Störung des Sozialverhaltens mit verweigerndem Verhalten gesehen werden kann – das Absetzen des Urins zur gegebenen Zeit wird verweigert und hinausgezögert.

Tabelle 3: Psychische Störungen –
Vergleich verschiedener Formen des Einnässens[29]

	Mindestens eine ICD-10 Diagnose
Primäres Bettnässen (n = 82)	19,5 %
Isoliertes Bettnässen (n = 50)	10,0 %
Nicht-isoliertes Bettnässen (n = 32)	34,4 %
Sekundäres Bettnässen (n = 28)	75,0 %

Einnässen tags	
Drangstörung (n = 22)	40,9 %
Aufschubstörung (n = 28)	60,7 %
Koordinationsstörung (n = 7)	57,1 %

Nach den vielen Beispielen von eher komplizierteren Verläufen sollen nun zwei typische Fälle von Mädchen mit einem isolierten primären Bettnässen dargestellt werden. Dies ist die häufigste Form – Kinder weisen keine weiteren Probleme auf als das eine – das Bettnässen.

Beispiel 13:
Primäres isoliertes Bettnässen

Hanna, ein neunjähriges Mädchen, näßt jede Nacht größere Mengen ein und schläft sehr tief. Sie ist noch nie nachts trocken gewesen, tags war sie mit zwei Jahren trocken. Sie geht ohne Probleme fünf- bis sechsmal am Tag auf die Toilette. Vorherige Behandlungsversuche waren ohne Erfolg gewesen, allerdings wurde das Medikament Desmopressin nach fünf, das Klingelgerät nach zwei Nächten abgesetzt. Eine Kalenderführung wurde über einen längeren Zeitraum durchgeführt.

In der Vorgeschichte war die Sprachentwicklung leicht verzögert, so konnte sie bis zum zweiten Geburtstag nur fünf Wörter – eine logopädische Behandlung war jedoch nicht notwendig. Sie besucht die dritte Klasse, ist eine gute Schülerin und hat einen großen Freundeskreis.

In der Familie näßten ein: ihre Mutter bis zum vierten Schuljahr; ihre Großmutter ist nierenkrank gewesen (Ursache war nicht bekannt); ein achtjähriger Bruder war noch nie trocken, ein viereinhalbjähriger Bruder war schon trocken gewesen und erlitt einen Rückfall. Bei ihrer 15 Monate alten Schwester kann man die Lage natürlich noch nicht beurteilen. Der Vater ist gesund.

Alle Untersuchungsergebnisse waren unauffällig. Hanna war ein freundliches Mädchen, altersentsprechend entwickelt, das allerdings unter dem Einnässen sehr litt. Auch ihr Bruder wollte unbedingt trocken werden. Da die Eltern sich nicht eine gleichzeitige Behandlung beider Kinder zumuten wollten, wurde der älteren Tochter der Vortritt gelassen.

Aufgrund eines Urlaubes und weil die Eltern sich sehr belastet fühlten, wurde eine Behandlung mit dem Medikament Desmopressin durchgeführt. Hanna war in den meisten Nächten trocken und war von dem Erfolg begeistert. Nach dem Absetzen erlitt sie zwar einen Rückfall, doch sie war jetzt sehr motiviert, ein Klingelgerät zu versuchen. Nach nur 3 Wochen war sie vollkommen trocken. Nach diesem Erfolg wurde nach dem gleichen Vorgehen auch ihr Bruder trocken.

In diesem Beispiel zeigen sich einige typische Merkmale: leichte Entwicklungsprobleme und Leidensdruck, jedoch keinerlei Zeichen für irgendeine psychische Störung; die hohe genetische Belastung durch mehrere betroffene Familienmitglieder.

Und noch ein Problem, das leider immer wieder angetroffen wird: wirksame Behandlungsmethoden werden nicht korrekt – oder zu kurz eingesetzt. Oft werden Medikamente – und auch Klingelgeräte – nur verschrieben, ohne genau zu erläutern, wie lange ein Behandlungsversuch anzusetzen ist. So glauben manche Eltern, daß ein Klingelgerät innerhalb weniger Tage wirkt. Wenn das Kind immer noch einnäßt und sie z.T. mehrfach pro Nacht aufstehen – wird es frustriert abgesetzt und so die Möglichkeit des Trockenwerdens aufgrund mangelnder Information vertan.

Dazu noch folgendes zweite Beispiel:

Beispiel 14:
Primäres isoliertes Bettnässen

Sarah, ein achtjähriges Mädchen, war nachts noch nie trocken gewesen, näßt nur an zwei Nächten pro Woche mit wechselhaft großen Mengen ein. Sie schläft sehr tief und ist kaum erweckbar. Sonstige Probleme mit dem Wasserlassen liegen nicht vor. Alle Untersuchungsergebnisse waren unauffällig. Auch in ihrer Entwicklung zeigten sich keine Besonderheiten. Sie besucht die zweite Klasse ohne Probleme. In der psychologischen Untersuchung erreichte sie eine Intelligenz im Bereich der Hochbegabung, also weit über dem Durchschnitt.

In der Familie näßten ein: der Vater, die Schwester der Mutter; der Vater der Mutter; und ihr sechsjähriger Bruder; ihre ältere Schwester dagegen hatte nie eingenäßt.

Sarah war hochmotiviert. Unter einer Kalenderführung kam es zu einer rapiden Verringerung der nassen Nächte – im ersten Monat näßte sie nur zweimal ein. Die Kalenderführung wurde fortgesetzt und nach einem weiteren Monat war sie trocken.

Bei ihrem Bruder gestaltete sich die Behandlung etwas komplizierter: erst mit dem Klingelgerät, dann mit dem Medikament Desmopressin (Minirin) – beides leider ohne Erfolg. Nach einer Pause wurde wieder das Klingelgerät mit dem Dry Bed Training eingesetzt, einem aufwendigen verhaltenstherapeutischen Programm – damit erreichte er endlich Trockenheit.

Dieses Beispiel zeigt die hohe genetische Belastung für beide Kinder, die keinerlei psychische Auffälligkeiten aufwiesen. Bei beiden verlief die Behandlung (trotz ähnlicher genetischer Belastung) völlig anders: Sarah zeigte schon abgeschwächte Symptome (kleine Einnäßmengen und selteneres Einnässen) und wurde unter einer Kalenderführung ganz trocken; der Bruder näßte stärker ein und sprach erst beim dritten Anlauf auf die Behandlung an. Dies spricht für die individuelle Variabilität jedes Kindes.

Verhaltensauffälligkeiten bei Kindern mit sekundärem nächtlichen Einnässen

Wie schon erwähnt, ist die Rate von Verhaltensauffälligkeiten bei rückfälligen sekundären nächtlichen Einnässern erhöht. So fanden sich tatsächlich häufiger sogenannte «internalisierende» Störungen wie Depressionen und Angststörungen. Zudem haben diese Kinder sehr viel häufiger belastende Lebensereignisse erlitten – und zwar häufig in der Zeit vor dem Rückfall[30]. Besonders belastend sind Erlebnisse wie Umzug, Geburt von Geschwistern, Schulwechsel und vor allem Trennung und Scheidung der Eltern.

Diese sind nicht Ursache, sondern Auslöser des Rückfalles. Man weiß, daß auch rückfällige Kinder mit einem sekundären Bettnässen die gleichen genetischen (Erb-)Belastungen tragen, wie Kinder, die noch nie trocken waren. Sie werden zu einem späteren Zeitpunkt trocken (im Vergleich zu nicht einnässenden Kindern) und scheinen eine erhöhte Anfälligkeit bei schwierigen Lebensereignissen zu tragen. Während andere Kinder nach Scheidung der Eltern

z. B. mit völlig anderem Verhalten reagieren können, führt dies bei sekundären Bettnässern aufgrund der genetischen Disposition zum Wiedereinnässen. Dieses kann im Verlauf die Wahrscheinlichkeit von Verhaltensauffälligkeiten wiederum begünstigen.

Die Zusammenhänge (in der Abbildung S. 98 vereinfacht dargestellt) sind wichtig zu verstehen, denn nur so kann man Ursachen, Auslöser und Effekte auseinanderhalten. Für manche Eltern ist die Suche nach Gründen von höchster Bedeutung. Dahinter steht oft die Vorstellung, daß mit der konkreten Benennung eines Grundes das Problem auch gelöst sei. Oft haben sie jahrelang darüber gegrübelt, was die Ursache des Problems sei, was außer Schuldgefühlen keinen positiven Lösungseffekt mit sich bringt.

Manche Eltern sind anfänglich enttäuscht, wenn man ihnen vermittelt, daß ein einziger Hauptgrund in der Vergangenheit nicht zu benennen sei. Manche sind noch enttäuschter, wenn man ihnen vermittelt, daß für eine wirksame Behandlung es auch nicht wichtig sei, einen Grund zu kennen.

Im folgenden sollen drei mögliche Zusammenhänge zwischen psychischen Faktoren und dem Einnässen detailliert erläutert werden. Welche Modelle zutreffen, muß für jedes einzelne Kind individuell diskutiert werden – hier können nur allgemeine Möglichkeiten dargestellt werden.

Drei Modelle für mögliche Zusammenhänge zwischen psychischen Faktoren und Einnässen[31]

Modell 1 (die häufigste Variante):

Psychische Probleme können reaktiv, als direkte Folge des Einnässens auftreten. In diesem Fall ist das Einnässen zuerst vorhanden (z. B. anlagebedingt) und nur dadurch entsteht bei den meisten Kindern ein Leidensdruck, Selbstzweifel und ein Gefühl von Unglücklichsein. Wenn die Kinder trocken werden, bilden sich viele dieser Selbstwertprobleme innerhalb kurzer Zeit vollständig zurück[27, 28]. Bei einer Minderheit der Kinder kommt es zu ausgeprägteren Verhaltensauffälligkeiten, die z. T. behandelt werden müssen. In diesen wenigen Fällen reicht die Behandlung des Einnässens als einzige

Maßnahme nicht aus. Sie sollte aber gleichzeitig erfolgen, da es allen Kindern besser geht, wenn sie trocken werden.

Modell 2: Psychische Faktoren führen zum Einnässen

Es besteht gar kein Zweifel, daß psychische Belastungen das Wiederauftreten des Einnässens begünstigen können. Besonders gravierend sind, wie schon erwähnt, Trennungserlebnisse und Verluste, sei es durch Scheidung, Tod, Umzüge oder Geburt eines Geschwisters[3, 30]. Dies gilt aber nur für Rückfälle. Bei Kindern, die noch nie trocken waren, spielen soziale Belastungen keine Rolle.

Auch ist aus den Langzeituntersuchungen bekannt, daß manche Kinder schon vor dem Rückfall vermehrt Verhaltensauffälligkeiten zeigen[32], vor allem Hyperkinetische Störungen. In anderen Worten: Die Probleme der Aufmerksamkeit und Unruhe sind schon vor dem Einnässen vorhanden und wirken auch wie Auslöser für einen Rückfall.

Ebenso nässen nämlich Kinder mit einer Vielzahl unterschiedlicher psychischer Störungen, aber auch mit geistiger und körperlicher Behinderung häufiger ein als Gleichaltrige. In keinem dieser Fälle wird man behaupten können, sie nässen ein, weil sie unruhig sind oder weil sie geistig behindert sind. Auch in diesem Fall sind es *Auslöser* oder höchstens *Mitverursacher*.

Modell 3: Zufall

Sowohl das Einnässen wie auch psychische Störungen sind im Kindesalter sehr häufig: mit sieben Jahren nässen, wie gesagt, zehn Prozent nachts ein, und 12–14 Prozent der Kinder leiden an ausgeprägten psychischen Auffälligkeiten. Demnach kann es sehr gut möglich sein, daß dieses Zusammentreffen ausschließlich zufällig ist und es keinen kausalen Zusammenhang gibt. Es entspricht vielmehr dem Bedürfnis von Eltern und Behandelnden, eine kausale Erklärung zu finden, die dann vorgefertigte Erklärungsmodelle und Theorien stützt.

Da man im Einzelfall keine eindeutige Erklärung für die Beteiligung von psychischen Faktoren am Einnässen finden wird und da – auch wenn man es wüßte – die Behandlung der Störung selbst sich nicht unterscheiden würde, ist ein pragmatisches Vorgehen am sinnvollsten: nach einer gründlichen Abklärung sollte das Einnässen auf jeden Fall behandelt werden. Wenn sich Leidensdruck und Selbstwertprobleme zurückbilden – dann um so besser, da sich alle Probleme von selbst gelöst haben.

Wenn sie sich nicht zurückbilden oder wenn die anfänglichen Probleme so ausgeprägt waren, daß sie alleine eine Behandlung rechtfertigen, dann sollte eine weitergehende Psychotherapie erwogen werden.

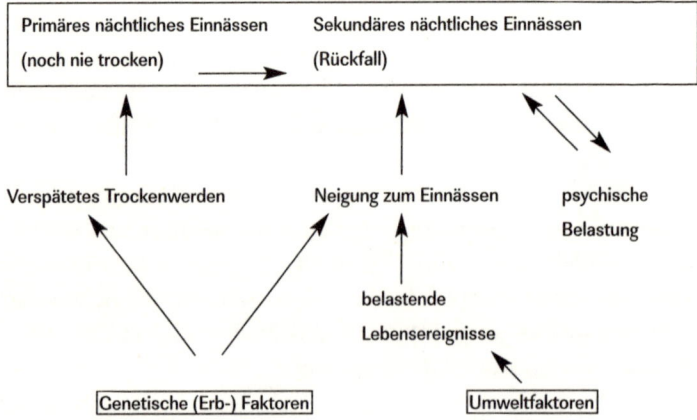

Zusammenhänge zwischen primärem und sekundärem Einnässen (vereinfacht):
Genetische (Erb-) Faktoren sind sowohl bei dem primären und dem sekundären Einnässen wirksam. Über ein verspätetes Trockenwerden bleiben Kinder mit einem primären Einnässen länger naß (Entwicklungsstörung). Umweltfaktoren spielen bei der Entstehung des primären isolierten Einnässens keine Rolle. Bei dem sekundären Einnässen wirken Erbfaktoren als eine Neigung, die durch Lebensereignisse wieder «wachgerufen» (reaktiviert) werden kann. Dadurch erklärt sich, warum die Kinder gerade einnässen und nicht – wie andere Kinder – mit einem ganz anderen Problem reagieren. Wenn ein Rückfall einmal aufgetreten ist, ist dies für Kinder sehr belastend – und dies kann das Einnässen weiter aufrechterhalten im Sinne eines «Teufelskreises».

5. Der familiäre Umgang mit dem Problem Bettnässen

5.1. Wie sehen Erwachsene rückblickend ihr Einnässen als Kind?

Es gibt wenige Zeugnisse von Erwachsenen über ihr Erleben als einnässendes Kind. Dies mag verschiedene Gründe haben, auf die wir hier näher eingehen werden.

Bei der hohen Bedeutung der Erbfaktoren bei dieser Problematik haben viele Eltern von einnässenden Kindern tatsächlich ebenfalls unter Bettnässen gelitten. Wie schon ausgeführt, beträgt das Wiederholungsrisiko 43–44 Prozent, wenn ein Elternteil, und sogar 77 Prozent, wenn beide Elternteile eingenäßt hatten[22].

Was erzählen Eltern über ihr eigenes Einnässen?

Dennoch ist es zumindest verwunderlich, daß über dieses Thema vielfach nie in der Familie gesprochen wird – selbst zwischen den Partnern wurde diese Erfahrung aus der Kindheit verheimlicht. Auch sind die Kinder oft ganz erstaunt und zugleich entlastet, wenn sie von ihren Eltern vernehmen, daß sie Ähnliches (oder sogar Schlimmeres) mitgemacht haben: «Was, Papa, du hattest das auch? Warum hast du mir das nicht gesagt?» ist eine Reaktion; «Da warst du ja noch älter als ich» eine erleichterte zweite.

Vielen Eltern fällt erst auf Nachfrage wieder ein, daß sie selbst ein ähnliches Problem hatten. Zu schmerzhaft und schambesetzt sind die Erlebnisse, so daß sie über Jahre ganz aus ihrer Erinnerung verschwanden. Manche Eltern können sich gar nicht mehr daran erinnern und sind selber verwundert, wenn sie bei ihren Eltern (d. h. den Großeltern des Kindes) nachfragen und erfahren, daß sie Bettnässer waren.

Manchmal brechen aufgestaute und verdrängte Gefühle plötzlich heraus. Ein Vater, der lange Zeit sich weigerte, mit seinen beiden Kindern in die Klinik zu kommen, fing im Gespräch an zu weinen. Er wolle nicht, daß seine Kinder so leiden sollten wie er, aber er glaube eigentlich nicht, daß ihnen geholfen werden könne. Er erzählte, daß er als Kind geschlagen wurde. Dies sei noch zu ertragen gewesen, aber am demütigsten war es, daß er sich nach einer nassen Nacht mit dem nassen Bettlaken in den Hinterhof stellen und es hochhalten mußte. Alle Nachbarn sollten sehen, daß er in dieser Nacht ein Bettnässer gewesen sei. Mit keinem habe er je darüber geredet – so schluchzte er in Anwesenheit seiner mitfühlenden Kinder über viele Minuten vor sich hin.

In einer renommierten englischen Medizin-Zeitschrift wurde vor einigen Jahren der tragische Bericht eines Mannes veröffentlicht, der 35 Jahre lang verschiedensten Ärzten vorgestellt wurde, sich unzähligen Untersuchungen und Behandlungen unterzogen hatte und mit den verschiedensten Medikamenten behandelt wurde. Erst nach dieser Odyssee, die mit fünf Jahren begonnen hatte, wurde ihm ein wirksames Medikament verschrieben (Desmopressin), unter dem er endlich trocken wurde – mit 41 Jahren[33].

Die Berichte von Erwachsenen sind so spärlich, weil die Auseinandersetzung noch tabuisierter und schmerzhafter ist als bei Kindern und deshalb möglichst vermieden wird. Für die Kinder ist die Mitteilung der Eltern immer hilfreich, da sie dadurch ihre eigenen Vorstellungen in Perspektive setzen und relativieren können.

Zum Glück haben zwei berühmte Autoren des 20. Jahrhunderts den Mut aufgebracht, ihren Gefühlen und Erlebnissen in autobiographischen Berichten Ausdruck zu verleihen. Zum einen handelt es sich um den englischen Schriftsteller George Orwell (1903–1950), zum anderen um den österreichischen Autor Thomas Bernhard (1931–1989). Obwohl ihre Erlebnisse einige Jahrzehnte auseinanderliegen, sind ihre Beschreibungen nahezu identisch.

Bettnässen im Werk von George Orwell

Weltberühmt wurde George Orwell für seinen Roman «1984», in dem er die Gefahren eines totalitären Überwachungsstaates darstellte. Der Name «big brother», heutzutage in einem anderen Kontext verwendet, stammt aus diesem Roman. Er verfaßte Essays und Erzählungen, von denen «Animal Farm» die bekannteste sein dürfte.

George Orwell war acht Jahre alt, als er 1911 in ein Internat aufgenommen wurde und mit Bettnässen, einem Rückfall, reagierte[34].
Da seine Eltern im Gegensatz zu den anderen Eltern nicht wohlha-
bend waren und daher nicht das volle Schulgeld zu bezahlen brauch-
ten, wurde er dort entsprechend seines sozialen Status anders, d. h.
schlechter, strenger behandelt und mußte sehr viel mehr Einschrän-
kungen erfahren. Er war ein Außenseiter und wurde im Internat nur
«toleriert», was ihm bei jeder Gelegenheit deutlich gemacht wurde.
Sein autobiographischer Bericht wurde erst nach seinem Tod veröffentlicht unter dem ironischen Titel «Die Freuden der Kindheit»[35].

Einige Passagen sollen zitiert und kommentiert werden:

Damals aber sah man so etwas als ein widerliches Vergehen an,
welches das Kind mit Absicht beging und wofür es nur eine Abhilfe gab:
Schläge.

Man ging davon aus, daß es sich beim Bettnässen um eine wil-
lentlich beeinflußte Tat handelt, und so war es ein «Verbrechen», das
auch hätte vermieden werden können. Im postviktorianischen Zeit-
alter (1911) galten Schläge und Bestrafungen als wichtiges Erzie-
hungsmittel.

Noch heute glauben manche Eltern tatsächlich, daß ihr Kind
absichtlich einnäßt, um sie zu provozieren und zu ärgern. Der englische Kinderpsychologe Butler beschrieb, daß bei einer solchen
Annahme sog. «elterliche Intoleranz» mit ablehnender, wenig ein-
fühlender und z. T. aggressiv-ablehnender Haltung dem Kind gegenüber ganz besonders häufig ist[3, 4]. Obwohl Kinder selten direkt deswegen geschlagen werden, kommt es durchaus auch vor. Immerhin
gaben – trotz großer Dunkelziffer – in eigenen Untersuchungen
sechs Prozent der Eltern zu, ihr Kind bestraft zu haben – in anderen
Studien betrug die Zahl bis zu 30 Prozent.

Mir allerdings mußte erst gar nicht gesagt werden, daß es ein Ver-
gehen ist: Nacht für Nacht betete ich mit einer Inbrunst, die ich vorher
in meinen Gebeten nie erreicht hatte: «Bitte, lieber Gott, laß mich nicht
ins Bett machen!»

Hier zeigt Georg Orwell ein Phänomen, das als «Identifikation
mit dem Aggressor» auch bei anderen Mißhandlungen bekannt geworden ist. Er wehrt sich nicht gegen die erlittene Ungerechtigkeit, **101**

sondern hat diese inzwischen verinnerlicht: Er sieht sein Einnässen selber als eine Untat an, d. h. hat die Annahmen der Erwachsenen verinnerlicht. Die kindliche Verzweiflung wird in seinen Gebeten deutlich, an die er im Grunde nicht mehr glaubt.

Aber dies wirkte sich so gut wie gar nicht aus: In manchen Nächten passierte es, in anderen nicht. Es geschah weder absichtlich noch bewußt ... Diese Verzweiflung, dieses Gefühl grausamer Ungerechtigkeit, wenn ich allen meinen Gebeten und guten Vorsätzen zum Trotz wieder inmitten feuchtkalter Bettlaken aufwachte!

Selbst durch Gebete nicht zu beeinflussen, nahm das Einnässen seinen eigenen Lauf, und er war dem ausgeliefert. Ähnliches wird auch heute noch von Kindern berichtet, die mit magischen Ritualen und Gebeten am Abend versuchen, das Einnässen zu beeinflussen.

Es gab überhaupt keine Möglichkeit zu verbergen, was ich angestellt hatte ...

Viele Kinder versuchen, das Einnässen wieder «ungeschehen» zu machen. Manche verstecken ihre Bettwäsche im Schrank. Ein Kind warf seine Unterhosen in die Toilette. Seine Mutter wunderte sich, wo seine Unterhosen geblieben waren, die sie immer wieder neu nachkaufen mußte, bis eines Tages die Toilette verstopft war. Andere Kinder leugnen hartnäckig, daß sie eingenäßt haben, wenn sie danach befragt werden. Ein Junge verneinte es selbst, als seine Mutter ihm den nassen Fleck im Bett zeigte – er sei es nicht gewesen. Wenn Eltern nicht verstehen, daß die Scham ihrer Kinder so groß ist, daß diese verleugnet werden muß, werden sie solche Handlungen als Provokation mißinterpretieren und mit entsprechen Affekten darauf reagieren.

Teils weinte ich aus echter Reue, aber zum Teil auch aus einem tieferen Gram heraus, der typisch für die Kindheit, aber nicht leicht zu beschreiben ist: es ist ein Gefühl der verzweifelten Einsamkeit und Hilflosigkeit, des Eingeschlossenseins nicht nur in einer feindlichen Umwelt, sondern in einer Welt von Gut und Böse, in der die Regeln so waren, daß man sie tatsächlich nicht einhalten konnte.

Diese Passage bedarf keines weiteren Kommentars. In ähnlicher Form erleben viele Kinder das Einnässen – mit der Ausnahme, daß die meisten auf verständnisvollere Erwachsene rechnen können

als George Orwell. Trotz des größeren Einfühlungsvermögens sollte man sich nicht darüber hinwegtäuschen, daß viele Eltern wenig über die tatsächlichen Gefühle ihrer Kinder wissen. Untersuchungen haben zeigen können, daß es wenig Übereinstimmung zwischen elterlicher und kindlicher Wahrnehmung gibt – d. h. der Bedarf zum Reden und Austausch ist groß und auch heute keineswegs gedeckt.

Bettnässen und Einnässen tags im Werk von Thomas Bernhard

Die noch während des zweiten Weltkriegs angesiedelten Erfahrungen des österreichischen Autors Thomas Bernhard (1931–1989) gleichen denen von George Orwell[36]. Er wurde 1942 im Alter von elf Jahren in ein nationalsozialistisches Erziehungsheim in Thüringen verschickt, da seine Mutter nicht mit ihm zurechtkam. Für Bernhard bedeutete dies einen weiteren schweren Verlust nach mehreren Umzügen und Trennungen von seinen Großeltern, die ihn bis dahin versorgt hatten.

Seine Erfahrungen wurden in seinem Bericht «Ein Kind»[37] dargestellt, aus dem zitiert werden soll. Man muß jedoch beachten, daß es sich um ein literarisches Werk handelt (also keine strenge historische Autobiographie), das erst 1982, also 40 Jahre später, veröffentlicht wurde. Es ist also die Rückschau eines Erwachsenen auf das kindliche Erleben in literarischer Form. So schreibt er:

Denn ich war längst zum sogenannten Bettnässer geworden, zum Unruhestifter *war ich mit der Zeit auch noch der* Bettnässer. *Keine Nacht zuhause, ohne daß ich auf einem nassen Leintuch aufwachte, zutiefst erschrocken, wie sich denken läßt. Bettnässen hat seine Ursachen, aber davon hatte ich keine Ahnung. Wenn ich aufwachte, war ich schon in das größte Unglück gestürzt.*

Ähnlich wie bei George Orwell drückt Thomas Bernhard das Gefühl des schuldlosen Ausgeliefertseins aus. Man weiß inzwischen, daß das Gefühl, selbst sein Leben und dessen Ereignisse beeinflussen zu können, entscheidend zu einem positiven Selbstwertgefühl beiträgt. Der englische Fachausdruck hierfür ist «positive locus of control», übersetzt positiver Ort der Kontrolle. Dagegen untergräbt das Gefühl, passiv und ohne Einflußmöglichkeit seinem Schicksal ausgeliefert zu sein, das Gefühl von Selbstachtung entscheidend.

103

Ich zitterte vor Angst. Kaum war ich aufgestanden, ich hatte immer wieder noch mit der Decke meine Schande verbergen wollen, hatte meine Mutter die Decke wütend weggerissen und mir das Leintuch übers Gesicht geschlagen.

Auch hier werden die Gefühle von Angst und Scham, der Wunsch, das Ereignis ungeschehen zu machen und die darauffolgende Strafe ausgedrückt. Wie bei Orwell, geht die Mutter von einer absichtlichen, willkürlichen Tat aus, um ihre erniedrigenden Handlungen entsprechend zu rechtfertigen.

Monatelang, jahrelang schließlich. Ich hatte einen neuen, beinahe tödlichen Titel zu tragen: Bettnässer! Wenn ich von der Schule nach Hause kam, schon auf halber Höhe der Schaumburgerstraße, sah ich mein Leintuch mit dem großen gelben Fleck aus dem Fenster hängen. Meine Mutter hängte mein nasses Leintuch abwechselnd in der Schaumburgerstraße und dann wieder auf dem Taubenmarkt aus dem Fenster, zur Abschreckung, damit alle sehen, was du bist! sagte sie. Gegen diese Demütigung kam ich nicht auf. Mein Bettnässen verschlimmerte sich mit der Zeit. Immer wenn ich aufwachte, war es zu spät.

Kindern bleibt heutzutage die öffentliche Demütigung und Bloßstellung weitgehend erspart. Der Nachteil ist, daß sie sich isoliert vorkommen. Viele Kinder sind überzeugt, daß sie die einzigen auf der ganzen Welt mit diesem Problem sind und können es kaum glauben, daß andere ein ähnliches Schicksal erleiden.

Die Art der öffentlichen, sadistischen Erniedrigung, die Thomas Bernhard darstellt, würde man heutzutage als emotionale Mißhandlung bezeichnen. Daß sich die Problematik unter diesen Umständen nicht bessern kann, versteht sich von selbst. Die Situation verschlechterte sich weiter nach der Aufnahme in ein «Heim für schwererziehbare Kinder»:

Mein Pech war, daß ich schon in der ersten Nacht als Bettnässer entlarvt war. Die Methode in Saalfeld (dem Heim) war die: mein Leintuch mit dem großen gelben Fleck wurde im Frühstückszimmer aufgespannt, und es wurde gesagt, daß das Leintuch von mir sei. Der Bettnässer wurde aber nicht nur auf diese Weise bestraft, er bekam auch keine sogenannte süße Suppe wie die anderen, er bekam überhaupt kein Frühstück.

Diese Szene erinnert an das Erlebnis jenes Vaters, der in der Sprechstunde geweint hatte – obwohl die Demütigung viel später in den fünfziger und sechziger Jahren stattgefunden hatte. Über Bestrafungen berichten Eltern erst, wenn sie das Gefühl haben, deswegen nicht mehr negativ beurteilt zu werden. Viele Eltern haben so starke Schuldgefühle, daß sie sich nicht trauen, davon zu berichten. Auch manche Kinder unterliegen Loyalitätskonflikten ihren Eltern gegenüber, so daß sie oft erst im Laufe der Zeit so viel Vertrauen entwickeln, darüber zu reden. Wie bei allem Verdrängten und Tabuisierten ist ein Problem nicht bearbeitet, sondern wirkt sich weiter aus. Deshalb ist gerade bei Bestrafungen wichtig, offen darüber zu reden und gegenseitige Verletzungen und Mißverständnisse zu besprechen.

Man gab mir Mittel, aber diese Mittel nützten nichts. Es war deprimierend, jeden Morgen mein Leintuch im Frühstückzimmer aufgespannt zu sehen und ohne Brei dazusitzen.

Auch heute werden viele unwirksame, zum Teil gefährliche Medikamente verschrieben, an die jedoch große Hoffnungen geknüpft sind. Falls sie nicht wirken, ist die Enttäuschung groß.

Ich war eine Schande, und die Kameraden, die ich in den ersten Tagen gehabt hatte, waren jetzt keine mehr. Ich war argwöhnisch und nicht ohne Schadenfreude beobachtet worden. Keiner wollte neben dem Bettnässer sitzen, keiner wollte mit dem Bettnässer gehen, keiner wollte naturgemäß mit dem Bettnässer in einem Zimmer schlafen. Ich war auf einmal so isoliert wie noch nie.

Diese Gefühle der Isolation und des Ausgestoßenseins erleben heute vor allem die Kinder, die tags einnässen. Dabei sind oft Freunde toleranter als manche Erwachsene. Man denke an die noch heute unsinnige und absurde Regel mancher Kindergärtnerinnen, daß ein Kind trocken sein muß, bevor es in den Kindergarten aufgenommen wird. Neben sehr einfühlsamen und kooperativen Erzieherinnen mußten wir immer wieder erleben, daß manche Kindergärtnerinnen zum eigentlichen Problem für die ihnen anvertrauten Kinder wurden: manche weigerten sich hartnäckig, die Windeln zu wechseln, beim Abputzen zu helfen und selbst bei Behandlungsplänen mitzumachen.

Und weiter heißt es bei Thomas Bernhard über das Einnässen tags:

Ich erinnere mich, daß ich jahrelang nicht nur ins Bett gemacht habe, auch tagsüber hatte ich alle Augenblicke eine nasse Hose. Im Winter, wenn ich mich mit meiner nassen Schande nicht nach Hause getraute, ging ich stundenlang fröstelnd und frierend in der Stadt umher mit der Hoffnung, meine Wäsche könnte ich auf diese Weise trocknen, aber das war ein Trugschluß. Zwischen den Oberschenkeln war ich schließlich ständig von Urin verätzt und aufgewetzt. Jeder Schritt war eine Qual. Bei jeder Gelegenheit passierte es mir, in der Kirche, beim Skilaufen, immer und überall. Wenn ich beichten ging, meine Mutter schickte mich, passierte es mir, während ich kniete und meine Sünden herunterstammelte. Ging ich aus dem Beichtstuhl hinaus, sah ich auf dem Boden die Bescherung und schämte mich … Und naturgemäß passierte mir mein Unglück auch während des Unterrichts in der Schule, wenn es nicht schon vor dem Schultor passiert war.

Auch tagsüber ist das Einnässen (bis auf wenige extreme Ausnahmen) immer unwillkürlich. Da es sichtbar (und riechbar) ist, kann es weniger gut verheimlicht werden. Das Kind, das Bernhard beschreibt, versuchte, die nasse Hose trocknen zu lassen, indem es sie nicht auszog, sondern lange umherlief. Durch den Urin bildet sich Ammoniak, in der Unterhose entwickelt sich eine sogenannte «feuchte Kammer», so daß sich leicht eine Hautentzündung im Genitalbereich bildet. Durch mechanische Irritationen kann sie sich weiter entzünden – und «superinfizieren», d. h. es siedeln sich Bakterien an. Gerade bei Mädchen können diese wegen der kürzeren Harnröhre zu Blasenentzündungen führen.

Einnässen tags ist häufig zusätzlich mit Einkoten verbunden, das wegen der Geruchsentwicklung nicht mehr vertuscht werden kann.

Einem anderen Kind passierte jede Nacht etwas viel Schlimmeres als mir: er beschmutzte sein Bett mit Kot. Ich erinnere mich an dieses Schreckensbild haargenau: im Waschraum unten, wo nur noch die Keller waren, wurde … ihm … das kotbeschmutzte Leintuch um den Kopf geschlagen, während man mir, neben ihm, die wundgewetzten Oberschenkel an den Hoden mit einem weißen Pulver bearbeitete.

Zumindest dieses Schicksal blieb dem Kind in diesem Buch erspart. Das Einkoten ist noch viel tabuisierter als das Einnässen – im realen Leben wie auch in der Literatur.

5.2. Wie sehen Eltern das Problem des Bettnässens?

Nicht nur die Kinder leiden unter Bettnässen – auch ihre Eltern, die sich Sorgen und Gedanken darüber machen. Was denken, was fühlen Eltern von bettnässenden Kindern, welche Erklärungsmodelle haben sie entworfen, und wie gehen sie mit dem Problem um? Ich möchte im folgenden die Meinungen von Eltern, die in einer eigenen Untersuchung von 167 Kindern (davon 110, die nur nachts einnäßten) mittels Fragebogen erfaßt wurden, zu Wort kommen lassen. Ergänzt werden sie durch Meinungen von Eltern aus den USA und England. Dabei muß beachtet werden, daß zwar die Häufigkeit des Einnässens weltweit in den Industrieländern etwa gleich ist, aber die subjektive Bewertung von Eltern sich von einer Kultur zur anderen unterscheidet.

Da es für viele Eltern entlastend und hilfreich ist, die Meinungen von anderen Eltern zu erfahren, sollen sie in diesem Kapitel ausführlich und detailliert, auch mit Hilfe von Tabellen, dargestellt werden.

Wie belastet sind Eltern durch das Einnässen ihrer Kinder?

In einer großen amerikanischen Untersuchung gaben die Hälfte der Eltern an, sehr oder mäßig unter dem Einnässen ihrer Kinder zu leiden[38]. Konkret machten sich 17 Prozent sehr große Sorgen, 46 Prozent geringe – und nur 38 Prozent gar keine Sorgen. Worüber sorgen sich die Eltern? Nach einer englischen Studie ganz eindeutig um das Wohlergehen ihrer Kinder: mit Abstand machten sie sich die meisten Gedanken um die emotionale Entwicklung ihrer Kinder und über den Einfluß auf ihre sozialen Beziehungen. Erst dann folgten Sorgen über den Uringeruch des Bettes, die zusätzliche Wäsche und die höheren finanziellen Belastungen[3].

Wann beginnen die Sorgen der Eltern?

Oft dauert dieses Leiden schon mehrere Jahre an. Befragt, wann sie meinen, daß ihr Kind trocken sein sollte, gaben sie in einer Untersuchung im Schnitt ein Alter von 2,75 Jahren an[5], in einer anderen 3,18 Jahre[39]. Konkret meinten 6,6 Prozent der Eltern, ein Kind sollte mit einem Jahr trocken sein, 23,2 Prozent mit zwei Jahren, 34,1 Prozent mit drei Jahren, 14,2 Prozent mit vier Jahren und nur 15,5 Prozent mit fünf Jahren oder älter. Diese Annahmen scheinen allgemein vertretenen Ansichten zu entsprechen. Eltern ohne einnässende Kinder meinten, daß Kinder sogar noch viel früher, im Schnitt mit 2,61 Jahren trocken sein sollten.

Im Prinzip bedeutet dies, daß viele Eltern schon vor dem Kindergarten davon ausgehen, daß ihr Kind die Trockenheit erlernt haben sollte. Seit dieser Zeit bemühen sich manche Eltern z. T. aktiv, daß ihr Kind aufhört, nachts einzunässen.

In den vorherigen Kapiteln wurden die allgemein akzeptierten Lehrmeinungen ausführlich erläutert. Danach – so ist man sich weltweit einig – darf ein Kind bis zu seinem fünften Geburtstag so viel einnässen wie es will (tags und/oder nachts).

Wie kommt es, daß elterliche Annahmen so weit auseinderweichen von den Expertenmeinungen?

Frühe Sauberkeit wird von vielen Eltern als Maßstab für ihre Bemühungen um ihr Kind gesehen und hat einen extrem hohen emotionalen Stellenwert. Vermeintlich spätes Trockenwerden (aber tatsächlich normale Entwicklung) wird als Versagen interpretiert.

Zum anderen sind Eltern häufig nicht genügend über die Zusammenhänge aufgeklärt. Im Gegensatz zu anderen Problemen fehlt wegen der Tabuisierung und der Schamgefühle häufig eine Austauschmöglichkeit mit anderen Eltern. Es gehört nicht zu den typischen Gesprächen zwischen Eltern am Kinderspielplatz, zu fragen, ob ein Kind noch einnäßt. Falls die Eltern selber als Kinder eingenäßt haben, können unangenehme, zum Teil nicht verarbeitete Erlebnisse reaktiviert und verstärkt werden, wie wir gesehen haben.

Eltern reagieren häufig erstaunt, wenn sie erfahren, daß das Bettnässen erst ab einem Alter von fünf Jahren als Störung angesehen wird. Mit entsprechender Information ist es vielen möglich, «locker» zu lassen und, falls ihr Kind jünger als fünf Jahre ist, ihm wirklich Zeit zu lassen, sich zu entwickeln.

Diese Eindrücke, die aus vielen Gesprächen mit Eltern gewonnen wurden, sollen jetzt weiter mit «Fakten» untermauert werden – um zu vermitteln, was Eltern z. T. über Jahre durchgemacht haben. Dabei sollen Angaben von Eltern, deren Kinder nur nachts eingenäßt haben, im Vordergrund stehen.

Was kann das Einnässen ausgelöst haben?

In der eigenen Untersuchung wurden Eltern danach befragt, ob ein (oder mehrere) Ereignisse im Leben ihres Kindes als Auslöser in Frage kommen könnten[29, 40]. Es geht dabei strenggenommen nicht darum, ob es tatsächlich so war, sondern wie Eltern subjektiv rückblickend Lebenseinflüsse bewerten. Obwohl später nach Gründen gefragt wurde, ist davon auszugehen, daß Eltern für sich nicht streng zwischen «Auslösern» und «Gründen» unterscheiden.

Befragt nach Gründen, meinen weniger als ein Drittel (28,8 Prozent) der Eltern von Kindern mit *Bettnässen*, daß ein Auslöser in der Vergangenheit zu Einnässen geführt hat. Am häufigsten wurden Geburt eines Geschwisterkindes (12,4 Prozent) und Scheidung der Eltern (9,5 Prozent) angegeben, also tatsächlich einschneidende Veränderungen in der familiären Umwelt des Kindes.

Dagegen sahen Eltern von *tagseinnässenden Kindern* häufiger Auslöser allgemein (57,4 Prozent) und speziell: Trennung von einer geliebten Person (18,5 Prozent), Krankheiten des Kindes (11,1 Prozent), Kindergartenbesuch (18,5 Prozent) und Schulprobleme (18,5 Prozent). Etwa doppelt so häufig wurden Geburt eines Geschwisters (20,4 Prozent) und Scheidung der Eltern (18,5 Prozent) angegeben.

Auslöser spielen bei einem Rückfall, d. h. einem *sekundären Bettnässen*, im Vergleich zum primären Bettnässen erwartungsgemäß eine größere Rolle: Auslöser allgemein bei 61,5 Prozent der sekundären (17,9 Prozent der primären) Bettnässer, speziell: Geburt eines Geschwisters 23,1 Prozent (8,9 Prozent), Kindergartenbesuch 15,4 Prozent (2,5 Prozent), Scheidung der Eltern 19,2 Prozent (6,3 Prozent).

Zusammengefaßt kann man feststellen, daß Eltern vermutlich ein relativ realistisches Bild von möglichen Lebensereignissen entworfen haben. Es ist bekannt, daß gerade Scheidung der Eltern für Kinder eines der am schwersten zu bewältigenden Ereignisse darstellt. Daß tageinnässende und vor allem Kinder mit einem Rückfall häufiger betroffen sind, ist nachvollziehbar und deckt sich mit anderen Untersuchungen.

Trotzdem lassen sich manche Ereignisse nicht vermeiden. Auch Scheidung findet in der heutigen Gesellschaft bei einem Drittel der Familien statt. Kindern können manche dieser Veränderungen nicht erspart werden – selbst bei besten Intentionen und Planungen.

Andererseits kommt es bei der Bewältigung entscheidend auf die subjektive Bewertung des Ereignisses an. Manche Kinder reagieren ausgeprägt auf kleinste Veränderungen, während andere – trotz schwieriger Bedingungen – eine unauffällige Entwicklung durchlaufen; d. h. das gleiche Ereignis bedeutet für ein Kind einen gravierenden Einschnitt, für ein anderes bewältigbare Umstände ohne langfristige Auswirkungen.

Ferner treffen Ereignisse auf bestimmte Vorbedingungen – wie in den vorherigen Kapiteln erläutert. Wenn eine (genetische) Disposition für das Einnässen vorliegt, wird dieses Kind eher mit einem Rückfall (bei dem sekundären Bettnässen) reagieren als ein anderes Kind, das diese Veranlagung nicht trägt. Deshalb ist es – auch rückblickend – wichtig, Gründe und Auslöser des Bettnässens auseinanderzuhalten.

Eltern können ihren Kindern in schwierigen Situation helfen, diese zu bewältigen. Wie anfangs erläutert, liegt das Wohlergehen der Kinder ihnen wirklich am Herzen. Helfen können sie am besten, wenn sie möglichst ohne Schuldgefühle ihrem Kind beistehen, die Tatsachen zu betrauern, zu bearbeiten und zu akzeptieren. Und falls ein Rückfall auftreten sollte – diesen genauso zu behandeln wie das ursprüngliche, primäre Einnässen.

Welche Gründe für das Bettnässen vermuten Eltern?

Eltern wurden befragt, welche möglichen Gründe sie für das Bettnässen sehen.

In einer *amerikanischen Studie* meinten 33 Prozent, das Einnässen sei ein Entwicklungsproblem, 29 Prozent ein Verhaltensproblem, nur 20 Prozent tiefer Schlaf, 13 Prozent eine körperliche Krankheit und 5 Prozent eine kleine Blase[5]. In einer anderen Untersuchung meinten 35,5 Prozent ein Verhaltensproblem, 38,2 Prozent tiefer Schlaf, 21,4 Prozent ein körperliches Problem, 28,9 Prozent ein familiäres (genetisches) Problem und 10,7 Prozent eine kleine Blase[39].

Aus diesen beiden Untersuchungen wird deutlich, daß sich Eltern sehr wohl realistische Gedanken über Ursachen machen, daß aber die Vorstellung, es stelle ein psychisches Problem dar, von einem Drittel der Eltern geteilt wird. Sehr viel deutlicher wurde dies in einer *englischen Untersuchung* zum Ausdruck gebracht.

So wurden als Gründe angegeben: tiefer Schlaf (75,7 Prozent), Sorgen des Kindes (33,0 Prozent), leichte Erregbarkeit des Kindes (32,9 Prozent), Entwicklungsverzögerung (30,0 Prozent), familiäre (genetische) Belastung (30,0 Prozent), Gleichgültigkeit (25,7 Prozent), zu viel Flüssigkeit (12,9 Prozent), Ängste vor der Dunkelheit (11,4 Prozent), mangelhaftes Sauberkeitstraining (7,1 Prozent), Faulheit (5,7 Prozent), körperliches Problem (3,5 Prozent), zu spät ins Bett (1,4 Prozent), nachts zu kalt (1,4 Prozent), Provokation (1,4 Prozent)[3].

In dieser Untersuchung werden noch expliziter von Eltern Verhaltensauffälligkeiten und psychische Faktoren als Gründe für das Einnässen angegeben. Neben Sorgen des Kindes sind es viele Verhaltensweisen, bei denen eine Absicht des Kindes impliziert wird: es sei gleichgültig, faul, gehe zu spät ins Bett und provoziere.

Es muß betont werden, daß nur eine Minderzahl der Eltern ihren Kindern unterstellt, daß sie absichtlich einnässen würden – vor allem bei älteren Kindern und solchen, die häufiger einnässen. Alleine diese Vermutung kann, so der englische Kinderpsychologe Butler, eine Folge von Konsequenzen nach sich ziehen[3,4]. Von einer solchen Annahme geleitet, sind diese Eltern häufig frustriert, ärgerlich und genervt. Es können sich daraus Interaktionsprobleme mit dem Kind entwickeln, die bis zu Bestrafungen eskalieren. Eine andere Folge ist, daß Behandlungsprogramme nicht korrekt durchgeführt und sogar abgebrochen werden. Dieses sogenannte «intolerante» Verhalten scheint in anderen Ländern, wie z. B. in England, häufiger zu sein. Bei den von uns betreuten Familien wurde es sehr selten bei Eltern beobachtet und wenn, dann am ehesten bei Kindern, die tags einnäßten. So scheint – zumindest von der Beobachtung her – es in Deutschland weniger üblich, daß Eltern ihren Kindern Absicht unterstellen. Eher scheinen Eltern Gründe des Versagens bei sich zu suchen – mit entsprechenden Schuldgefühlen.

In der *eigenen Untersuchung* wurden Eltern weniger nach weitergehenden (allgemeinen) Ursachen, sondern nach unmittelbaren, aktuellen Gründen für das Einnässen in der jeweiligen Nacht gefragt[40]. Wegen dieser etwas unterschiedlichen Fragestellung, fallen die Antworten auch etwas anders aus.

In der eigenen Befragung gaben 71,6 Prozent der Eltern Schlaftiefe als den wichtigsten Grund an – was sich mit den bisherigen Untersuchungsergebnissen deckt. Allerdings meinen immer noch ein Fünftel (18,3 Prozent), daß ihre Kinder abends zu viel trinken. Diese Annahme deckt sich nicht mit den Untersuchungen – im Gegenteil, die meisten Kinder trinken zu wenig. Sie wird aber als Begründung verwendet, Kindern abends (zum Teil schon ab nachmittags) das Trinken zu verbieten.

Dagegen spielen belastende Tagesereignisse (14,7 Prozent; am Tag etwas Aufregendes erlebt; am Abend Spannendes im Fernsehen; tagsüber Probleme), nächtliche Alpträume (5,5 Prozent) und Ängste (6,4 Prozent) eine untergeordnete Rolle. In einer Untersuchung konnte gezeigt werden, daß es einen Zusammenhang gibt zwischen belastenden Erlebnissen tags und der Wahrscheinlichkeit, nachts einzunässen[41]. Dieser Zusammenhang wird von den Eltern nicht als wichtig angesehen – möglicherweise auch, weil die untersuchten Kinder relativ häufig einnäßten und deshalb weniger durch solche unmittelbaren Einflüsse verändert wurde.

Was beobachten Eltern bei ihren Kindern bezüglich des Einnässens?

Zunächst fällt auf, daß Eltern sehr genaue und präzise Angaben machen können, wenn sie nach dem konkreten, beobachtbaren Verhalten gefragt werden.

Eltern meinen, daß 62,9 Prozent der Kinder einen *deutlichen Leidensdruck* haben, aber den restlichen 38,8 Prozent ihr Einnässen gleichgültig ist – was sich ungefähr mit den Angaben der Kinder deckt, wie im nächsten Kapitel dargestellt.

Doch wie gehen Kinder damit um? Nur ein Fünftel der Kinder *verheimlicht* es (19,6 Prozent). Man kann daraus schließen, daß innerhalb der Familien ein relativ offener Umgang mit dem Bettnässen gepflegt wird.

Trotzdem reagiert die Mehrzahl der Kinder (75,7 Prozent) *bedrückt*, wobei Schamgefühle am häufigsten sind. Dabei gaben Eltern über ihr Kind an: Es ist ihm peinlich, reagiert mit Schamgefühl und Verlegenheit, es ist betrübt über den Vorfall, weint und ist erschrocken darüber. Nur wenige Kinder mit Bettnässen reagieren *gereizt und aggressiv* (15,9 Prozent). Typischer war ein *tabuisierendes* Verhalten bei fast zwei Drittel der Kinder (65,4 Prozent): Sie wollen nicht, daß darüber geredet wird und daß es jemand erfährt.

Zusammengefaßt scheinen Eltern die Nöte ihrer Kinder relativ gut wahrzunehmen. Die meisten Kinder mit Bettnässen leiden darunter, sind bedrückt und möchten es geheimhalten.

Wie gehen Kind und Mutter miteinander um bezüglich des Bettnässens?

Aus dem Bettnässen, so berichten Eltern und andere Untersuchungen, können sich als sekundäre Folgen Interaktionsprobleme zwischen Mutter und Kind entwickeln. Doch wie sehen Mütter diese Probleme tatsächlich, wenn sie direkt befragt werden, wie sie auf das Einnässen und das Trockensein ihres Kindes reagieren?

Tabelle 4: Intrafamiliäre Interaktion in Bezug auf das Einnässen (Mehrfachnennungen möglich – nur die wichtigsten aufgeführt)

Interaktion	Elternangaben von bettnässenden Kindern
	(n = 105–107)
Kooperation: bereit zu sprechen	91,4%
Kooperation: bereit mitzuarbeiten	96,2%
Reaktion der Mutter auf Einnässen	
a) negativ	14,3%
b) neutral	51,4%
c) negativ und neutral	19,0%
d) positiv	9,5%
Reaktion der Mutter bei Trockenheit	
a) negativ	0,9%
b) neutral	3,7%
c) positiv	80,4%

Erfreulicherweise sind die meisten Kinder mit Bettnässen bereit, mit ihrer Mutter darüber zu reden (tags: 91,4 Prozent) und – noch wichtiger – auch mitzuarbeiten (96,2 Prozent) (Tabelle 4).

Die Reaktionen der Mütter auf die *nassen Nächte* sind gut nachzuvollziehen. Immerhin ein Drittel (33,3%) äußerte negative oder zumindest negative und neutrale Empfindungen, die die Beziehung zu ihrem Kind belasten können. Mütter gaben als u. a. negative Reaktionen an: Ich ärgere mich und lasse mein Kind den Ärger auch spüren, ich bestrafe es, schimpfe mit ihm, mache dem Kind Vorwürfe und ermahne es, daß es sich das nächste Mal mehr anstrengen soll. Beispiele für neutrale Reaktionen (in 51,4 Prozent der Fälle) waren: Ich ärgere mich darüber, lasse mir aber nichts anmerken und gehe ohne Kommentar darüber hinweg. Positive, ermutigende Kommentare wurden nur von 9,5 Prozent angegeben.

Mütter reagierten – verständlicherweise überwiegend positiv – auf eine *trockene Nacht* (80,4 Prozent). Sie meinten, sie freuten sich darüber, lobten und belohnten ihr Kind, wenn es geklappt hat.

Zusammengefaßt besteht eine grundsätzliche Bereitschaft, das Problem zusammen zu besprechen und anzugehen. Ferner löst das Bettnässen – verständlicherweise – negative Gefühle bei den Müttern aus, die sich darüber ärgern und ihrem Kind diese Gefühle auch zeigen. Möglicherweise sind negative Gefühle sogar noch häufiger – wer gibt schon gerne ungeliebte Seiten seines Verhaltens auch zu? Um so begrüßenswerter ist es, daß manche Mütter dazu stehen können, wenn sie danach gefragt werden.

An sich sind ärgerliche Gefühle und gereizte Reaktionen nichts Schlimmes. Sie sind in vielen Situationen sogar angemessen und verständlich. Entscheidend ist, daß damit offen umgegangen wird, daß sie besprochen und akzeptiert werden können. In diesen Fällen helfen sie sogar, für ein Problem eine konkrete Lösung zu suchen – anstatt Schuldgefühle mit sich herumzutragen. Manchmal sind die Lösungen auch ganz einfache – z. B. seinem Kind Windeln anzuziehen – und schon sind die Wäscheberge und alles, was damit zusammenhängt, verschwunden. Das Kind wird die Veränderung in der familiären Atmosphäre schon merken – und Windeln an sich haben keinerlei Nebenwirkungen.

Zuletzt läßt sich die Belastung der Mütter auch daran erkennen, daß sie überwiegend positiv auf die trockenen Nächte reagieren – genauso wie ihre Kinder!

Wie helfen sich Eltern?

Wie gehen Eltern mit dem Problem Bettnässen um? Zu welchen Maßnahmen greifen sie selber? Es sind hierbei nicht verordnete Behandlungen gemeint, sondern Bewältigungsformen der Eltern. Die wichtigsten sind in Tabelle 5 zusammengefaßt[29, 40].

Tabelle 5: Bewältigungsversuche der Eltern
bei nächtlichem Einnässen

Bewältigungsversuche	Elternangaben von bettnässenden Kindern (n = 108)
Gummiunterlage	73,1%
Wecken	68,5%
Flüssigkeitsrestriktion	52,8%
Windeln	50,0%
Bettabziehen	34,3%
Belohnung	24,1%
Bestrafung	5,6%

Die häufigste Maßnahme sind Gummiunterlagen – mit Sicherheit ein sinnvoller Schritt, um die Matratzen zu schonen. Dennoch sind die Matratzen oft so fleckig, daß angesichts dessen manche Eltern die Anschaffung eines größeren Jugendbettes bis zum Trockenwerden hinausschieben.

Als nächsthäufigste Schritte werden von den Eltern ineffektive Behandlungsmaßnahmen wie Flüssigkeitseinschränkung und Wecken der Kinder in der Hälfte der Fälle durchgeführt. Diese haben keinerlei Effekt auf das Erreichen von Trockenheit, erfreuen sich aber großer Beliebtheit bei den Eltern, die sie z. T. hartnäckig über viele Jahre verfolgen. Es kann vermutet werden, daß sie so gerne von Eltern eingesetzt werden, weil sie ihnen das Gefühl geben, aktiv etwas beitragen zu können.

Erfreulicherweise setzten die Hälfte aller Eltern zumindest ab und zu Windeln ein. Bei den anderen halten sich Vorstellungen, daß sie ihrem Kind schaden würden, wenn es Windeln, die ja eigentlich für jüngere Kinder gedacht sind, tragen müßte.

Etwa ein Viertel bis ein Fünftel der Kinder wurden belohnt. Dies ist nur zu begrüßen, denn Lob und positive Bestätigung können nicht schaden. Bei den Belohnungen gibt es günstigere und eher ungünstige. Sinnvoll sind eher häufige, kleinere materielle oder besonders immaterielle Belohnungen, z. B. Schwimmen gehen, usw. Ungünstig sind große Belohnungen nach einem langen Zeitraum, da das Kind dadurch leicht frustriert wird und möglicherweise noch weniger motiviert ist: Als Beispiel dienen in Aussicht gestellte Mountainbikes, ferngelenkte Autos, Handys, wenn das Kind ganz trocken ist. Viele Kinder empfinden so etwas als ausgesprochen ungerecht.

Der zweite Aspekt ist der, daß nur Dinge belohnt werden sollten, die direkt vom Kind beeinflußt werden können. Wie wir gesehen haben, unterliegt das Bettnässen eben nicht der willentlichen Kontrolle. Deshalb sollte das Trockensein an sich niemals belohnt werden, da ein Nichterreichen der Belohnung Kinder nur frustriert. Eher sollten Aspekte der aktiven Mitarbeit belohnt werden, z. B. wenn das Kind mithilft, das Bett abzuziehen (was nur ein Drittel der Kinder nach Elternangabe tut).

Erfreulicherweise wurden nur 5,6 Prozent der Kinder aktiv bestraft. Die höchste Rate betraf wiederum die Kinder mit einem sekundären Einnässen, die in 14,3 Prozent der Fälle bestraft wurden, was auf eine geringere Toleranzschwelle der Eltern bei diesen Kindern hinweisen könnte. Selbst wenn man eine hohe Dunkelziffer einrechnet (welche Eltern geben dies gerne zu?), liegt die Rate sehr viel niedriger als in anderen Untersuchungen. Nach denen wurden 37 Prozent[3], bzw. 35,8 Prozent[39] und 23 Prozent[5] bestraft. Könnte es sein, daß Eltern in Deutschland weniger strafend und verständnisvoller mit ihren Kindern umgehen? Oder liegt es an inzwischen veränderten Einstellungen, da die anderen Untersuchungen bis zu 25 Jahre zurückliegen? Es wäre zu wünschen, daß es Ausdruck eines allgemeinen Trends darstellt.

Sind Mütter von einnässenden Kindern selber auffälliger?

Diese Behauptung geistert noch durch ältere Arbeiten und soll deshalb zum Schluß besprochen werden. In der eigenen Untersuchung wurde deshalb Müttern ein standardisierter Persönlichkeitsfragebogen (Freiburger Persönlichkeitsinventar; FPI-R) gegeben, für den sehr gute Normdaten existieren. Das Ergebnis war eindeutig: in keinem der Persönlichkeitsmerkmale waren Mütter von einnässenden Kindern auffälliger als vergleichbare gleichaltrige Frauen. Ferner gab es keinerlei Unterschiede nach der Art des Einnässens – weder bei den Müttern der bettnässenden Kinder noch der tagseinnässenden Kinder.

Der einzige Befund war folgender: die kleine Gruppe der Mütter mit deutlich von der Norm abweichenden Merkmalen hatte überdurchschnittlich viele Kinder, die psychische Probleme und Auffälligkeiten (nach ICD-10) aufwiesen. Dies ist nur eine Assoziation und sagt nichts über mögliche Zusammenhänge aus: ob eher die Kinder mit Problemen ihre Mütter beeinträchtigen oder anders herum – oder als «Teufelskreis» sogar beides. Ähnliche Befunde bei den Vätern wären interessant, wurden aber bisher nicht erhoben.

Man kann abschließend festhalten: Mütter von einnässenden

Kindern sind belastet, aber überwiegend bemüht um das Wohlergehen ihrer Kinder, kommen an ihre Grenzen mit z. T. verständlichen Reaktionen – unterscheiden sich aber sonst in keiner Weise von Müttern, deren Kinder nicht einnässen.

Immer noch werden nicht effektive Maßnahmen wie Wecken und Füssigkeitseinschränkungen vorgenommen, die auf fehlende Information zurückzuführen sind. Und obwohl wenige Mütter ihre Kinder wegen des Bettnässens bestrafen, kommt dies dennoch bei einer kleinen Minderheit vor. Diese und andere möglichen elterlichen Reaktionsweisen können eine sachliche Auseinandersetzung mit dem Problem verhindern. Deshalb ist es wichtig, daß die Gefühle und Annahmen zunächst wahrgenommen und anerkannt werden. Aufklärung und Abbau von Schuldgefühlen wird zur Entspannung bei Eltern und in der Familie führen, so daß dann eine Behandlung des Einnässens möglich sein kann.

5.3. Wie sehen Kinder das Problem des Bettnässens?

Um diese wichtigen kindlichen Sichtweisen zu erfahren, fragten wir Kinder gezielt nach ihren Gedanken und Empfindungen und baten sie, zu einigen Fragen auch zu zeichnen[40]. Diese Fragen wurden alleine, ohne Anwesenheit der Eltern durchgeführt, damit die Kinder nicht im Sinne der sozialen Erwünschtheit antworten oder in Loyalitätkonflikte mit ihren Eltern gerieten. Die Kinder waren zwischen fünf und elf Jahre alt. Von den insgesamt 167 Kindern nahmen 165 am Interview teil (davon 110, die nur nachts einnäßten). Es handelt sich um die Kinder, deren Eltern schon im vorherigen Abschnitt vorgestellt wurden.

Sehen Kinder Bettnässen als Krankheit?
Zunächst wurde die allgemeine Krankheitseinschätzung des Kindes mit der Frage «Fühlst du dich krank?» befragt. Nur 4,2 Prozent der bettnässenden Kinder fühlten sich krank.

Auch konnte nur ein Drittel (32,1 Prozent) der Kinder einen Grund oder eine Erklärung für das Einnässen nennen. In abnehmender Reihenfolge waren es: Schlaftiefe (15,2 Prozent), Trinkverhalten (4,9 Prozent), Traum (4,2 Prozent), Unterbrechung einer Tätigkeit (4,2 Prozent), Blasenschwäche (3,0 Prozent), familiäre Ursachen (1,2 Prozent), Angst (0,6 Prozent) und sonstiges (6,1 Prozent), wie z. B.: keine Lust auf Toilette zu gehen, weil ich umgezogen bin, weil ich krank bin, weil die Jungen mich ärgern.

Im Gegensatz zu ihren Eltern haben wenige Kinder konkrete Vorstellungen über die Entstehung des Bettnässens. Aufgabe der Therapie ist es, ihnen konkrete, in ihrer Sprache verständliche Hinweise zu geben, so daß sie das Erlebte besser verstehen können.

Wie erklären sich Kinder die Entstehung des Urins?

Fast die Hälfte der Kinder vertrat die Vorstellung einer Trinkröhre. Sie stellten sich vor, daß die getrunkene Flüssigkeit durch den Körper direkt in einem Schlauch bis zur Ausscheidung verläuft. Von den bettnässenden Kindern vertraten 46,2 Prozent die Ansicht der Trinkröhre, 48,1 Prozent erwähnten weitere Organe und nur 5,7 Prozent hatten keine Vorstellung. Ältere Kinder nannten mehr Organe, wohingegen jüngere Kinder (bis 8,0 Jahre) eher die Vorstellung einer Trinkröhre hatten. Insgesamt kannten nur 33,9 Prozent die Blase. Das erstaunliche ist, daß Kinder meistens nach der Ultraschalluntersuchung befragt wurden, während der die Blase immer gezeigt wurde. Es bedeutet, daß die üblichen anatomischen Vorstellungen bei Kindern im Schulalter nicht vorhanden sind und erst vermittelt werden müssen.

Geheimhaltung und Tabuisierung

Da Scham und Tabuisierung häufige Reaktionsformen von einnässenden Kindern darstellen, wurden diese detailliert erfragt. Auf die Frage «Wer weiß es, daß du einnäßt?», wurden als «Eingeweihte» zumeist nur die Familie angegeben (60,2 Prozent), ein erweiterter Kreis bei 31,5 Prozent und viele andere Menschen nur bei 8,3 Prozent.

Außerdem sollte noch der Wunsch des Kindes nach Einweihung vertrauter Personen mit der Frage «Wer darf es wissen?» erhoben werden. Dabei fällt auf, daß der Großteil der Kinder keine Mitwisser wünschte, insbesondere die Mädchen (82,9 Prozent) nicht

(Jungen 69,7 Prozent). Um weiter die Sensibilität des Themas für die Kinder zu erfassen, wurde folgende Frage gestellt «Hat es jemand verraten?» Nur 14,9 Prozent der bettnässenden Kinder bejahten, daß sie schon mal verraten worden waren.

Als letztes sollten die kindlichen Vorstellungen über die Häufigkeit des Einnässens erfaßt werden. Dies erfolgte mit der Frage: «Weißt du, wieviele in deiner Klasse das gleiche Problem haben?». Die meisten Kinder hatten keine Vorstellung über die Häufigkeit des Einnässens in der Klasse (56,4 Prozent). 11,5 Prozent meinten kein weiteres Kind, 14,5 Prozent eins und nur 5,5 Prozent mehr als eins. Dies betont noch einmal, wie alleine sich einnässende Kinder tatsächlich fühlen. Bei einer Häufigkeit von 10 Prozent müßten in einer Klasse mit 30 Kindern etwa drei nachts (und eins tags) einnässen!

Wie reagiert die Familie aus Sicht des Kindes?

Nachdem die mütterliche Sicht im vorherigen Abschnitt dargestellt wurde, wurden die Kinder ihrerseits nach den Reaktionen ihrer Mütter bezüglich des Einnässens befragt. Der Vergleich der beiden Sichtweisen findet sich in Tabelle 6.

Tabelle 6: Mütterliche Reaktionen auf das Einnässen aus Sicht des Kindes (und der Mutter)

Reaktion der Mutter	Angaben von Kindern	Angaben der Mütter
negativ	26,5%	33,3%
neutral	39,2%	51,4%
positiv	34,3%	9,5%

Es fällt auf, daß Kinder in fast einem Drittel der Fälle meinen, daß ihre Mütter positiv reagieren – ein Wert, der sehr viel höher liegt als der der Mütter. Wenn man die kindliche und die mütterliche Sicht direkt miteinander vergleicht, fällt auf, daß sie wenig miteinander übereinstimmen. Das Kind neigt eher dazu, neutrale Reaktionen der Mutter als positiv einzuschätzen. Es könnte als seine Wunschvorstellung interpretiert werden, trotz des Einnässens akzeptiert und positiv gestützt zu werden.

Wie sehen einnässende Kinder ihre Familie?

Neben der direkten Befragung wurde ein aufwendiger Familientest mit den Kindern durchgeführt, der Family Relations Test (FRT)[42]. Obwohl Einzelheiten in diesem Rahmen nicht erläutert werden können, handelt es sich beim FRT ausschließlich um die subjektive Sicht des Kindes, wie es seine Familie gefühlsmäßig wahrnimmt und bewertet.

Dabei zeigte sich, daß für die Gesamtgruppe der einnässenden Kinder das Geschwisterkind und die Mutter im Erleben der familiären Beziehungen die bedeutendsten Rollen spielen. Dabei werden von den Kindern häufiger starke Gefühle der Zuneigung zur Mutter erlebt, wobei der Vater eher in den Hintergrund tritt. Innerhalb der sehr intensiven emotionalen Auseinandersetzung mit dem Geschwisterkind (vor allem bei den Zwei-Kind-Familien) werden starke Gefühle von Abneigung und Feindseligkeit erlebt.

Diese Befunde sprechen dafür, daß sich in den Familien aus der Sicht des einnässenden Kindes besonders enge Beziehungen zur Mutter entwickeln und eher Rivalitäten zu Geschwistern.

Welche Nachteile bzw. Vorteile sehen Kinder in ihrem Bettnässen?

Um den Leidensdruck der Kinder zu ermessen und therapeutisch einen Zugang zu ihnen zu gewinnen, wurden die Kinder gebeten, Nachteile sowie Vorteile des Einnässens zu nennen, bzw. sich darüber Gedanken zu machen[40]. Die Nachteile wurden mit der Frage «Findest du was schlecht / blöd daran einzunässen?», erhoben.

74,3 Prozent aller bettnässenden Kinder sahen Nachteile im Einnässen und konnten auch sehr gut benennen, worunter sie litten. Am häufigsten in 36,7 Prozent der Fälle wurden soziale Nachteile angegeben. Zu diesen zählten die Kinder:

– *nicht woanders schlafen* – dies ist für Kinder wirklich ein großes Problem, denn es setzt voraus, daß Freunde und ihre Eltern von dem Bettnässen wissen, es akzeptieren und entsprechende Vorkehrungen treffen (Unterlagen, Windeln, usw.). Ganz besonders belastend sind bevorstehende Klassenfahrten. Manche

Kinder verzichten ganz darauf oder denken sich selber verzweifelte Lösungsmöglichkeiten aus. Ein Junge wollte seinen Wecker jede Stunde stellen, um aufs Klo zu gehen; ein anderer sagte, er wolle versuchen, gar nicht zu schlafen. In diesen Fällen ist eine kurzfristige Gabe des Medikamentes Desmopressin sehr hilfreich, auf das 70 Prozent der Kinder ansprechen. Es sollte auf jeden Fall schon vor der Klassenfahrt ausprobiert werden.

— *keine Freunde zu Hause erlaubt* – hierbei gilt ähnliches, wobei manche Eltern auch nicht wollen, daß Freunde vom Bettnässen erfahren – und dabei gehört diese Erfahrung zu den wichtigsten Erlebnissen von Kindern.

— *nicht mit anderen spielen, weil sie das riechen* – dies gilt natürlich nur für Kinder, die auch tags einnässen; im Vergleich zu den nur bettnässenden Kindern haben sie keine Möglichkeit, es ganz zu verheimlichen und sind Hänseleien viel eher ausgesetzt.

Mißempfindung wurden von fast einem Drittel (31,2 Prozent) der Kinder angegeben

— das Bett (oder die Windel) ist *unangenehm, naß und kalt* morgens, wenn sie aufwachen; der Urin (mit Ammoniakbildung) kann *jucken* und wird als *eklig* empfunden.

Direkte Folgen und Konsequenzen sind für ein Fünftel (20,2 Prozent) der Kinder belastend:

— *Sie kommen zu spät zur Verabredung* – bei tageinnässenden Kindern, die vorher noch auf die Toilette oder ihre Kleidung wechseln müssen. Vor allem Kinder mit einer Aufschubstörung haben große Angst, etwas zu verpassen. Z.B. beim Spielen befürchten sie, daß sie nicht mehr ins Spiel kommen, jemand ihren Platz genommen hat und sie ausgeschlossen werden, wenn sie auf die Toilette gehen. Also lassen sie es lieber und setzen Haltemanöver ein, d.h. versuchen, es sich zu verkneifen.

— *Sie müssen jeden Morgen duschen*, was vor allem bei den älteren (präpubertären) Kindern sehr unbeliebt ist, die es mit der Hygiene nicht so genau nehmen.

- *in Pampers schlafen* macht einer Minderheit von Kindern etwas aus. Die meisten tolerieren es ohne Probleme und können auch die Vorteile erkennen, z. B. wenn Mutter weniger genervt ist.
- *weil sie deswegen ein Fahrrad (oder eine andere große Belohnung) nicht kriegen.* Diese inadäquaten, riesigen Belohnungen wirken – wenn sie nicht erreicht werden – auf Kinder demoralisierend und demotivierend. Kleine Belohnungen für Dinge, die in ihrer Kontrolle liegen, sind therapeutisch am wirksamsten.

Bei 17,4 Prozent ist die Stimmung getrübt:

- manche Kinder sind *traurig und unglücklich.* Oft wollen sie nicht direkt über das Problem reden. Viele weinen, wenn sie darauf angesprochen werden.
- Sie *schämen* sich oder
- sie *ärgern* sich über sich selbst (oder das Einnässen allgemein).

Diese Gefühle sind gut nachvollziehbar und verständlich – sie sind eine adäquate Reaktion auf etwas, dem sich die Kinder ausgeliefert fühlen. Sofern sie sich nicht im Sinne einer Depression verfestigt haben, bilden sie sich nach einer erfolgreichen Behandlung zurück. D.h. sie sind üblicherweise ein direkter Ausdruck des Einnässens und nicht Hinweis auf ein grundsätzliches Problem des Kindes.

Isolierung und Anderssein wird von einer Minderheit der Kinder angegeben (5,5 Prozent). Man hat jedoch den Eindruck, daß diese Kinder ganz besonders unter dem Bettnässen leiden. Sie schildern folgendes:

- *Ich komme mir wie ein Baby vor,* nicht wie ein großer Junge (oder Mädchen); es bedeutet eine enorme Kränkung für Kinder, wenn sie ein Problem zeigen, das sie längst überwunden hatten (bei einem Rückfall) oder das andere Gleichaltrige nicht mehr haben. Schwierig ist es auch, wenn in der Familie jüngere Geschwister trocken sind, während man als Ältere(r) immer noch einnäßt.
- *Ich bin und fühle mich anders als andere Kinder;* mit mir stimmt etwas nicht. Manche Kinder können ausdrücken, daß sie einen Grunddefekt bei sich empfinden, daß sie sich von der

123

Gemeinschaft anderer Kinder grundsätzlich ausgeschlossen fühlen. Oft sind sie dabei völlig verzweifelt.

– *Niemand darf es wissen* – hiermit wird der Wunsch nach Geheimhaltung ausgedrückt mit der Angst, vielleicht doch entdeckt zu werden. Wieviel einfacher ist es jedoch, wenn man über ein Problem offen reden kann, z. B. eine Allergie, Husten, usw.

– *Alle lachen über mich* – dies trifft natürlich vor allem für tagseinnässende Kinder zu.

Dagegen empfinden nur 4,6 Prozent der bettnässenden Kinder irgendeinen *Vorteil* durch das Einnässen. Es sind überwiegend Jungen, die das Gefühl des nassen Bettes und die vermehrte Zuwendung ihrer Mütter als für sich positiv einschätzen.

Wie drücken Kinder ihre Stimmung und ihren Leidensdruck in Bildern aus?

Deshalb wurden die Kinder (alle bettnässenden Kinder, d. h. auch die tagseinnässenden) aufgefordert, zwei Bilder zu malen: das erste mit dem Thema, wie sie sich fühlen, wenn sie eingenäßt haben; und das zweite, wie sie sich fühlen, wenn sie trocken geblieben waren.

Als Reaktionen nach einer «nassen» Nacht zeichneten nur 21,8 Prozent der Kinder eine fröhliche, 28,8 Prozent eine indifferente und sogar 48,1 Prozent eine traurige Stimmung.

Wenn man die beiden Bilder nach einer nassen und einer trockenen Nacht vergleicht, fanden sich bei 85,9 Prozent Unterschiede. Dabei drückten 59,4 Prozent der bettnässenden Kinder einen deutlichen Leidensdruck aus.

Diese Rate ist wesentlich höher als die Daten der eingangs zitierten amerikanischen Untersuchung, nach der 24 Prozent der Eltern meinten, daß ihre Kinder sehr leiden würden, 28 Prozent nur etwas oder gering[38]. Sie entsprechen jedoch den Angaben der Eltern in unserer Untersuchung, die bei 62,9 Prozent der bettnässenden Kinder einen Leidensdruck sahen.

Trotz dieser ähnlichen Rate, gibt es keine gute Übereinstimmung zwischen elterlicher und kindlicher Einschätzung bei dem individuellen Kind: Wenn ein Kind einen Leidensdruck hat, wird dies nur von zwei Drittel (67,8 Prozent) der Eltern erkannt. Wenn es allerdings keinen hat, nehmen nur ein Drittel (35,1 Prozent) dies wahr. Sehr viel häufiger deuten Eltern einen Leidensdruck in ihr Kind hinein – möglicherweise als Ausdruck ihrer eigenen Schuldgefühle. Die Folgerung ist, daß Eltern tatsächlich wenig wissen, wie es ihrem Kind geht und daß auch in diesem Bereich ein großer Bedarf nach Austausch und Reden besteht.

Zusammengefaßt leiden Kinder eindeutig unter dem Einnässen. Die Kinder fühlen sich isoliert, anders als andere Kinder, empfinden Schamgefühle und sind unglücklich. Viele Kinder versuchen, das Einnässen geheimzuhalten und vermeiden Aktivitäten, die für das Alter üblicherweise typisch sind. So verzichten manche Kinder darauf, bei Freunden zu übernachten und nehmen an Schulausflügen nicht oder nur ungern teil. Das, was Kinder erleben, teilen sie häufig ihren Eltern nicht mit. So findet sich keine gute Übereinstimmung zwischen der elterlichen und kindlichen Einschätzung des Leidensdruckes.

Auch ist Eltern häufig nicht bewußt, wie Kinder sich die Störung vorstellen. Sie wird von ihnen häufig nicht als Krankheit angesehen, sondern auf tiefen Schlaf oder auf Ereignisse, für die sie sich schuldig fühlen, zurückgeführt. Zudem stimmt die kindliche Vorstellung der Körperfunktionen nicht mit den realen Gegebenheiten überein.

Unabhängig von diesem hohen Leidensdruck kann die Motivation der Kinder sehr unterschiedlich ausgeprägt sein. Manche zeigen durch ihr Verhalten oder äußern direkt, daß sie die Anstrengung einer Behandlung noch nicht auf sich nehmen wollen und eher das Einnässen in Kauf nehmen. Andere äußern eine eher passive Einstellung und wünschen sich, daß das Problem wie «durch einen Zauber» verschwinden möge, sind aber zur bedingten Mitarbeit zu motivieren. Die allermeisten sind überaus dankbar, wenn ihnen eine Möglichkeit angeboten wird, das Einnässen zu behandeln. Mit viel Energie und Aktivität beteiligen sie sich an den Vorschlägen und haben beim Erfolg das Gefühl, daß sie aufgrund ihres eigenen Einsatzes trocken geworden sind. Dies ist das Thema der nächsten Kapitel.

6. Diagnose und therapeutische Maßnahmen

Können Sie sich noch an Dominik und seine Mutter aus der Einleitung erinnern? Bevor detailliert die Fragen der Abklärung und Behandlung des Bettnässens besprochen werden, folgt als Einstimmung die Fortsetzung des Falles.

Auch die Mutter schildert ihren bisherigen Leidensweg. Sie habe alles versucht. Über Jahre sei sie nachts aufgestanden und habe Dominik geweckt – zum Teil mehrfach pro Nacht. Manchmal habe sie ihn wegen des tiefen Schlafs zur Toilette getragen und wieder zurück ins Bett. Eine Zeitlang habe sie ihm ab 17 Uhr nichts mehr zu trinken gegeben, aber er sei heimlich zum Wasserhahn gegangen und habe getrunken, so daß sie es gelassen habe. Sie habe ihm ein ferngelenktes Auto versprochen, wenn es mit dem Einnässen aufhöre – auch ohne Erfolg. Sie habe ihm verboten, Gameboy zu spielen nach einer nassen Nacht. Auch habe sie mit ihm geschimpft, da sie die Wäscheberge nicht mehr aushalten konnte. Über ein Jahr habe sie ihm Windeln angezogen, da sie einfach nicht mehr das nasse Bettzeug sehen konnte – darüber schämt sie sich besonders, da sie sich wie eine Versagerin vorgekommen sei. Sie sei beim Kinderarzt gewesen, der nichts gefunden habe und meinte, sie solle abwarten, es würde sich schon von selber auswachsen. Das habe ihr nicht genügt, so daß sie beim Urologen waren, der sogar eine Blasenspiegelung durchgeführt habe – alles ohne Erfolg. Da die verschriebenen Medikamente auch nichts brachten, seien sie sogar beim Heilpraktiker gewesen – auch das ohne irgend einen Effekt. Es müsse doch eine Lösung geben – warum nicht bei ihrem Sohn?

Obwohl dieser Bericht für Mutter und Sohn gefühlsmäßig nicht einfach war, hat man den Eindruck, daß sie doch erleichtert waren, es endlich einmal schildern zu können. Die Zusammenhänge über das nächtliche Einnässen werden kurz erläutert. Dominik wird kinderärztlich untersucht, eine Urinuntersuchung, der Ultraschall und eine einfache Harnflußmessung sind alle unauffällig. Die Mutter wird gebeten, zwei Fragebögen auszufüllen und über zwei Tage Trink- und Urinmengen abzumessen und in einem besonderen Protokoll aufzuschreiben. Für die nächsten vier Wochen werden beide gebeten, alle bisherigen Maßnahmen wegzulassen und nur in einem Kalender aufzuschreiben, ob eine Nacht naß oder trocken war, z. B. mit Wolken und Sonnen.

Vier Wochen später kommt Dominik strahlend mit seinem Kalender. Er hat als Symbol für die trockenen Nächte Sonnen, aber Fußbälle für die nassen Nächte gewählt. In der ersten Woche nach der Vorstellung habe er nur drei Mal eingenäßt, danach wurde es wieder etwas häufiger – im Durchschnitt vier Mal pro Woche. Dominik ist ganz begeistert. Auch die Mutter bringt stolz ihre «Hausaufgaben», die ausgefüllten Fragebögen und Protokolle mit, aus denen ersichtlich wird, daß weder weitergehende Verhaltensprobleme, noch spezielle Blasenstörungen vorliegen.

Mit neuem Mut sind beide bereit für den nächsten Schritt in der Behandlung. Es werden die Wirkungsweisen von Klingelgeräten erläutert und Dominik entscheidet sich für ein Bettgerät, bei dem die Klingel auf den Nachttisch gestellt wird und der Feuchtigkeitsfühler unter das Bettlaken gelegt wird. Es wird ein Rezept ausgefüllt und wiederum Protokollbögen – diesmal für das Klingelgerät – mitgegeben.

Nach weiteren vier Wochen kommt Dominik wieder stolz mit den Bögen in die Sprechstunde. Mutter und Sohn berichten, daß es in der ersten Woche häufig geklingelt habe, zum Teil auch zweimal pro Nacht, danach aber immer weniger. Jetzt sind es nur noch zwei Mal pro Woche. Wenn es zum Einnässen kommt, dann ist das Bett nicht mehr so naß, manchmal ist es nur noch feucht. Auch kommt es jetzt ab und zu vor, daß Dominik die Klingel selber hört und wach wird. In den anderen Nächten schläft er manchmal durch, manchmal wacht er nachts auf und geht auf die Toilette, schläft aber anschließend gleich wieder ein.

Nach weiteren vier Wochen liegt die Einnäßhäufigkeit immer noch bei ein bis zwei Mal pro Woche, Dominik wirkt etwas enttäuscht. Er wird beruhigt, indem er erfährt, daß er immer noch gut im Rennen liegt. Manche Kinder sind schneller, manche brauchen etwas länger — aber alles bis 16 Wochen wäre völlig normal. Auch die Mutter wird ermuntert, nach den bisherigen Erfolgen nicht aufzugeben, sondern noch etwas länger auszuhalten.

Schließlich nach zwölf Wochen präsentiert mir Dominik die Protokollbögen. Wenige Tage nach dem letzten Termin habe er aufgehört, ins Bett zu machen. Wie vereinbart, hätten sie das Klingelgerät noch 14 Tage angelassen, als er aber in dieser Zeit weiter trocken blieb, es in den Schrank gepackt.

Und jetzt? «Jetzt bist du ganz trocken, und was noch wichtiger ist — du hast es selber erreicht. Jetzt brauchst du auch nicht mehr hierherzukommen».

Dominik ist glücklich, die Mutter erleichtert. Ein halbes Jahr später ruft die Mutter an: Dominik sei beim Klassenausflug dabeigewesen — und alles hätte prima geklappt. Seit dem letzten Termin habe er nur zweimal kleinere Mengen ins Bett gemacht. Er sei danach enttäuscht gewesen und besorgt, ob es wiederkommen könne — aber jetzt seien sie sich beide einig, daß das Problem gelöst sei.

6.1. Was sollte untersucht werden?

Um körperliche Ursachen auszuschließen, sollte Ihr Kind immer beim Kinderarzt vorgestellt werden. Dies gilt insbesondere bei Kindern, die Probleme beim Wasserlassen tags zeigen, die tags einnässen, die einkoten und sonstige körperliche Auffälligkeiten zeigen.

Immer noch werden nicht alle einnässenden Kinder tatsächlich zu einem Arzt geführt. Laut einer Untersuchung sind es nur 30 Prozent der Vier- bis Fünfjährigen, 49 Prozent der Sechs- bis Achtjährigen, 56 Prozent der Neun- bis Elfjährigen und 79 Prozent der Zwölfjährigen und Älteren[5]. Dies bedeutet, daß sehr viel mehr Kinder einnässen als untersucht und behandelt werden.

Ihr Kinderarzt wird entscheiden, welche Untersuchungen notwendig sind. Als grober Hinweis sollen hier unterschieden werden: das Standardprogramm, das für Kinder mit einem isolierten Bettnässen völlig ausreicht; und weitergehende Untersuchungen, von denen es sowohl wenig belastende und eher eingreifende Methoden gibt. Gerade die letzteren sollten niemals ohne Grund bei Kindern durchgeführt werden.

«Standardabklärung» beim reinen isolierten Bettnässen

Hier reicht meistens eine genaue Erhebung der Krankengeschichte, eine körperliche Untersuchung, eine Urinuntersuchung, ein Ultraschall und ein 24-Stunden-Protokoll aus.

Wichtige *Informationen* für den Kinderarzt sind Häufigkeit des Einnässens, Einnäßmenge, Schlaftiefe, das bisher längste trockene Intervall und in welchem Alter das Kind schon einmal trocken gewesen ist (siehe Fragebogen im Anhang); ferner die Häufigkeit des Toilettengangs tagsüber, ob ein Kind gleich auf die Toilette geht oder es eher aufschiebt, ob es Haltemanöver einsetzt (wie Beine zusammenpressen, hin und her hüpfen, Fersensitz), ob es Drangsymptome zeigt und plötzlich auf die Toilette rennen muß. Wichtig ist der Hinweis, ob Ihr Kind zu Beginn des Wasserlassens pressen muß und ob der Harnfluß in einem Strahl erfolgt oder unterbrochen ist.

Von Interesse ist ferner, ob Ihr Kind einkotet, ob es verstopft ist oder regelmäßig auf die Toilette geht, ob es Harnwegsinfekte oder sonstige medizinische Komplikationen hatte. Auch sind alle bisherigen Behandlungsversuche oder Ansätze mit entsprechendem Erfolg von großer Bedeutung. Auch der Leidensdruck und mögliche Auswirkungen auf das Verhalten sind für Ihren Kinderarzt wichtig.

In jedem Fall sollte Ihr Kind *körperlich untersucht* werden, vor allem im Genital- und Rückenbereich, da es in seltenen Fällen angeborene Störungen gibt, die häufiger zum Einnässen führen können.

Falls es keinen Hinweis auf einen Harnwegsinfekt gibt, reicht meistens eine einfache *Urinuntersuchung* aus. Dabei wird Urin in einem sauberen Gefäß gewonnen und ein Teststreifen hineingetaucht, der nach einer gewissen Zeit abgelesen werden kann. So können sich Hinweise ergeben, ob weitere Untersuchungen, z. B. zum Ausschluß eines Harnwegsinfektes, notwendig sind.

Auch meinen wir, daß zumindest einmal eine *Ultraschall-* **129** *untersuchung* der Nieren und der Blase erfolgen sollte, um Krankheiten oder Fehlbildungen des Harntraktes auszuschließen. Beim Ultraschall kann die Bestimmung der Blasenwanddicke wichtig sein, da die Blasenwand sich, wie schon erwähnt, bei Funktionsstörungen der Blase verdicken kann. Bei erfolgreicher Behandlung bildet sich diese Verdickung zurück, was ebenfalls dokumentiert werden kann. Ein Ultraschall direkt nach dem Wasserlassen ist wichtig, da man so sehen kann, ob die Blase vollständig entleert wird oder ein Rest (Resturin) noch verbleibt.

Als sehr sinnvolle Untersuchung hat sich das sogenannte *«24-Stunden-Miktionsprotokoll»* (siehe Anhang) erwiesen. Hierbei werden Eltern gebeten, über 24, wenn möglich über 48 Stunden, mit Zeitangabe die Toilettengänge, Trinkmenge und sonstige Beobachtungen wie Drangsymptome, Pressen, Stottern, Einnässen aufzuschreiben. Viele Blasenfunktionsstörungen tagsüber werden erst so erkannt und entgehen der üblichen Beobachtung. Auch können *Fragebögen zum Einnässen*, wie auch zum allgemeinen Verhalten des Kindes sinnvoll sein und die Abklärung abrunden (siehe Anhang).

Falls Ihr Kind nur nachts einnäßt und die durchgeführten Untersuchungen unauffällig sind, müssen keine weiteren Untersuchungen durchgeführt werden. Insbesondere sind bei dem reinen isolierten nächtlichen Einnässen Röntgenaufnahmen, Blasenspiegelungen oder Druckmessungen innerhalb der Blase nicht notwendig und nicht angezeigt.

Weitergehende Untersuchungen

Falls Ihr Kinderarzt den Verdacht hat, daß eine kompliziertere Störung vorliegt, kann zunächst eine nicht schmerzhafte *Harnflußmessung* durchgeführt werden. Diese erlaubt Aufschlüsse über die Entleerung der Blase und gleichzeitig über die Anspannung im Bekkenboden. Da diese Untersuchung überhaupt nicht schädlich und belastend ist, kann sie ohne Probleme – falls notwendig – mehrfach wiederholt werden.

Alle weiteren Untersuchungen sollten nur durchgeführt werden, wenn ein entsprechender Grund vorliegt. So kann es zum Ausschluß eines Harnrückflusses oder einer Verengung der Harnröhre notwendig sein, eine *Röntgenaufnahme* der Blase durchzuführen – diese sind nämlich im Ultraschall nicht zu erkennen.

Falls jedoch eine intensive *urologische Abklärung* notwendig ist, sollte diese nicht hinausgezögert werden und durch Kinderurologen durchgeführt werden. Auch Kinderchirurgen, die sich speziell mit dem Harntrakt auskennen, können diese Untersuchungen durchführen.

So ist es in seltenen Fällen unbedingt notwendig, die Blase zu spiegeln (mit einem Endoskop in Narkose) oder detaillierte Messungen des Blasendruckes durchzuführen. In erfahrenen Händen und in einer kindgerechten Umgebung stellen auch solche Untersuchungen heute keine extreme Belastung dar. Falls in diesen Fällen ein operativer Eingriff erforderlich sein sollte, kann er in der gleichen Abteilung erfolgen, in der das Kind untersucht wurde.

Bei allen diesen Untersuchungen sollten die Grundsätze der Kinder- und Jugendmedizin beachtet werden: so viel wie nötig und so wenig wie möglich untersuchen, um Komplikationen auszuschließen und die Informationen zu erhalten, die für die Behandlung notwendig sind. Wenn jedoch eine Abklärung oder ein Eingriff nötig ist, sollte man sie wegen möglicher Folgen für das weitere Leben des Kindes sofort durchführen.

Ist die Abklärung erfolgt, kann mit der Behandlung begonnen werden, die sich speziell nach der Form des Einnässens sowie den besonderen Bedürfnissen von Ihrem Kind und Ihrer Familie richten sollte.

6.2. Was sollten Eltern *nicht* tun?

In ihrer Verzweiflung und Not versuchen Eltern manchmal alles, um ihrem Kind zu helfen. Häufig ist ihnen dabei nicht bewußt, daß manche dieser Maßnahmen inzwischen als nicht wirksam und wenig sinnvoll gelten. Oft werden Methoden hartnäckig verteidigt – mehr aus gefühlmäßiger Überzeugung als aus begründeten Überlegungen. Falls im Einzelfall ein Erfolg eintritt, kann man nicht sicher sein, ob dies nicht auch eine Zufallsheilung sein könnte – bei der hohen spontanen Heilungsrate von 13,5 Prozent pro Jahr. Alle Methoden müssen zumindest besser sein als diese 13,5 Prozent – sonst kann man genauso gut abwarten und nichts tun. Daher sind Untersuchungen an großen Gruppen von Kindern nach kontrollierten Vorgaben wichtig – nur so läßt sich aufzeigen, was wirkt und was nicht.

Von daher ist es wichtig, daß Sie die Dinge unterlassen, die nicht zur Heilung, sondern nur zur Streßerhöhung in der Familie beitragen. Entlastung ist für alle Beteiligten – Kind und Eltern – das wichtigste erste Ziel.

Nächtliches Wecken

Zunächst sind viele Eltern überzeugt, daß ein nächtliches Wecken mit anschließendem Gang auf die Toilette eine der wichtigsten Hilfen darstellt und führen dies zum Teil jahrelang durch. In meiner schon ausführlich dargestellten Befragung taten dies fast 70 Prozent aller Eltern.

Die meisten Eltern wecken das Kind einmal, bevor sie selbst ins Bett gehen, und lassen das Kind auf die Toilette gehen. Dieser Aufwand ist ja noch überschaubar. Manche Eltern stellen sich den Wecker, um das Kind mehrmals die Nacht zu wecken. Die Belastung für die Familie durch diese Weckaktionen ist enorm. Der Effekt des Weckens ist zwar, daß das Kind in dieser Nacht seltener einnäßt – doch wie ist der Langzeiterfolg?

Mehrere Untersuchungen konnten eindeutig zeigen, daß durch das Wecken in der jeweiligen Nacht das Einnässen zwar vermieden werden kann, jedoch dies nicht zum Trockenwerden des Kindes beiträgt[3, 4, 43]. Das Kind «lernt» durch das Wecken nicht aktiv, im Schlaf anders auf den Füllungsdruck der Blase zu reagieren und so permanent trocken zu werden. Es verläßt sich «passiv» auf das Wecken durch die Eltern – wenn diese nicht mehr wecken, näßt das Kind wieder ein.

Abhalten

Besonders unwirksam ist das reine «Abhalten». Hierbei wird das Kind ohne Wecken von den Eltern aus dem Bett geholt und über den Flur auf die Toilette getragen, was bei älteren Kindern eine ziemliche Kraftanstrengung bedeutet. Das Kind läßt im Schlaf Wasser ab und wird passiv wieder ins Bett zurückgetragen. Auch diese Methode ist bei Eltern beliebt, aber ohne jeglichen Effekt[3, 4, 43].

Blasentraining

Auch ein Blasentraining, das immer noch häufig verschrieben wird, ist bei dem reinen (isolierten) nächtlichen Einnässen nicht sinnvoll. Wie oben ausgeführt, liegt bei dem isolierten Bettnässen ja keine Störung der Blasenfunktion vor.

Bei einem Blasentraining werden die Kinder meistens angehalten, den Urindruck zurückzuhalten und den Toilettengang möglichst lange aufzuschieben. Dies ist bei keiner Einnäßform mehr sinnvoll. Denn es besteht dadurch die Gefahr, daß eher die negative Gewohnheit antrainiert wird, das Becken anzuspannen und nicht locker zu lassen. Im extremen Fall kann so eine Koordinationsstörung «antrainiert» werden.

Das gleiche gilt für krankengymnastische Übungen zu Tonisierung des Beckenbodens, die für Störungen bei Erwachsenen entwickelt wurden, bei denen eine Schwäche des Beckenbodens vorliegt. Dieser wird durch die Krankengymnastik gestärkt. Was bei Erwachsenen angezeigt ist, kann bei Kindern das Gegenteil bewirken. Bei Kindern mit einer Koordinationsstörung ist der Beckenboden zu angespannt – alle Behandlungen sollten auf eine Entspannung zielen. Würde man diese Übungen für Erwachsene durchführen, würde man bei Kindern diese Anspannung nur verstärken.

Bei Kindern gibt es nur eine Störung, bei der ein Blasentraining sinnvoll ist: die Drangstörung (mit Einnässen nachts und/oder tags). Hier ist das Ziel, bewußt den Harndrang wahrzunehmen und sofort auf die Toilette zu gehen (unter keinen Umständen zurückzuhalten) – und ansonsten Entspannung (unter keinen Umständen Anspannung im Beckenbodenbereich).

Hausmittel

Auch werden häufig von vielen Eltern unwirksame Hausmittel eingesetzt, z. B. Behandlungsversuche mit Teemischungen, Sitzbädern, Salben am Bauch, Einreiben der Oberschenkelinnenseiten mit Johanniskrautöl, pflanzlichen und homöopathischen Mitteln. Häufig beruhen diese Behandlungsversuche auf abergläubische Vorstellungen, wirken zwar nicht, sind zumindest aber nicht schädlich.

Unwirksame Medikamente

Außerdem werden auch immer noch Medikamente verschrieben und eingesetzt, die keinerlei Wirkung auf das nächtliche Einnässen haben, wie z. B. Schlafmittel, Beruhigungsmittel usw. ... Auch sind sogenannte Anticholinergika (wie das Oxybutinin/Dridase®), bei einer Drangstörung angezeigt – aber beim reinen Bettnässen unwirksam. Gerade bei Kindern sollten wegen Nebenwirkungen niemals Medikamente eingesetzt werden, die unwirksam sind. So kann die Anfangsphase eine gute Gelegenheit bedeuten, zu überprüfen, ob Mittel, die aus Gewohnheit weiter gegeben werden, wirklich notwendig sind.

So sollten – natürlich in Absprache mit Ihrem Kinderarzt – alle unnötigen und unwirksamen Medikamente abgesetzt werden. Es sollte beachtet werden, daß manche Medikamente sofort abgesetzt, andere langsam «ausgeschlichen» (d. h. langsam in der Dosis reduziert) werden müssen, um Nebenwirkungen zu vermeiden.

Die wichtigen Medikamente müssen natürlich weiter verabreicht werden: z. B. für eine Langzeitvorbeugung mit einem Antibiotikum, um eine neue Harnwegsinfektion zu vermeiden.

Nicht wirksame Psychotherapien

Das gleiche Prinzip gilt natürlich auch für Psychotherapien, auch diese sollten wirksam sein – wirksamer als die 13,5 Prozent Spontanheilung. Wir haben leider immer wieder beobachten müssen, daß Kinder über einen Zeitraum von ein bis zwei Jahren spieltherapeutisch wegen des Einnässens (nicht wegen einer anderen psychischen Problematik) behandelt wurden – ohne Besserung, obwohl bekannt ist, daß es viel wirksamere Behandlungsmethoden gibt.

Wenn sich ein Kind also seit längerer Zeit in Psychotherapie befindet und sich nichts verändert, sollte auch überlegt werden, ob der derzeitige Weg der richtige ist. Solche Fragen können in den Elterngesprächen gut geklärt werden. Manchmal ist es möglich, innerhalb einer Therapie den Schwerpunkt zu verlagern – oder zusätzliche Methoden (wie das Klingelgerät) gleichzeitig einzusetzen.

Wenn eine Therapie nicht sinnvoll ist, kann unter Umständen eine Beendigung erwogen werden. Dies sollte immer mit dem(r) Therapeuten(in) geklärt werden, damit man sich als Eltern über seine Motive, Sorgen und Ängste wirklich im klaren ist. Auch sollte eine Therapie niemals plötzlich abgebrochen werden, da das Kind zu dem(r) Therapeuten(in) eine intensive gefühlsmäßige Beziehung aufgebaut hat. Eine Beendigung benötigt genügend Zeit, um zu einem sinnvollen Abschluß zu kommen.

Flüssigkeitseinschränkung und Trinkverhalten

Ein weiteres Problem ist das Einschränken von Flüssigkeit, die sogenannte Flüssigkeitsrestriktion, wie in einem vorherigen Kapitel ausführlich erörtert. Mit Sicherheit sollten Kinder andererseits abends keine unmäßig großen Mengen, vor allem koffeinhaltiger Getränke zu sich nehmen.

Ansonsten macht das Einschränken keinen Sinn, da die großen Urinmengen nachts durch Schwankungen des Antidiuretischen Hormons (ADH) und nicht durch äußerlich zugeführte Flüssigkeit bewirkt wird. Auch wenn zuviel getrunken wird, ist das Grundproblem die fehlende Erweckbarkeit in dem Augenblick, in dem die Blase voll ist und sich entleeren möchte.

Von daher bedeutet eine Flüssigkeitseinschränkung eine Quälerei für Kinder, die keinerlei Effekt zeigt. Schlaue Kinder gehen an den Wasserhahn und holen sich die Flüssigkeit, die sie brauchen. Insgesamt besteht die Gefahr, daß Kinder sich angewöhnen, tagsüber zu wenig zu trinken. Dennoch gaben 50 Prozent der Eltern an, schon einmal die Flüssigkeit eingeschränkt zu haben.

Dazu folgendes Beispiel:

Beispiel 15:

Primäres nächtliches Einnässen;

expressive Sprachstörung; Nahrungsverweigerung;

Trinkvermeidung

Florian, ein sechsjähriger Junge, war noch nie trocken gewesen und näßt jede Nacht eher geringe Mengen ein. Er schläft tief und ist schwer erweckbar. Tags ist er seit dem Alter von dreieinhalb Jahren trocken. Er geht selten auf die Toilette und trinkt sehr wenig. Auch zeigt er ein ausgeprägt wählerisches Eßverhalten und verweigert das Essen. Es kam zur Gewichtsabnahme, so daß er in einer Kinderklinik durchuntersucht werden mußte. Eine körperliche Ursache wurde nicht gefunden.

Erst spät begann er zu sprechen, mit eineinhalb Jahren konnte er nur Mama und Papa sagen. Später fielen seine Satzbildungen durch inkorrekte Grammatik auf, und er zeigte sogar mehrere Aussprachepprobleme, weswegen eine langfristige logopädische Behandlung durchgeführt wurde.

Bei der psychologischen Untersuchung zeigte sich eine überdurchschnittliche Intelligenz. In weiteren Tests zur Familie zeigte sich eine ausgeprägte positive Beziehung zum Vater, den Florian idealisierte.

In der körperlichen Untersuchung fiel sein niedriges Körpergewicht (97 Prozent aller gleichaltrigen Kinder waren schwerer als er) bei normaler Körpergröße auf. Die Blase war gering gefüllt (49 ml), die Harnflußkurve verlängert. Der entscheidenste Hinweis kam in dem 24-Stunden-Protokoll: er hatte nur vier Toilettengänge pro Tag, die Mengen schwankten zwischen 20 und 80 ml. Zudem war seine Trinkmenge extrem reduziert: Am ersten Tag nahm er nur 550 ml, am zweiten Tag sogar nur 390 ml zu sich.

Der erste Schritt in der Behandlung war es, die Flüssigkeitsmenge deutlich zu erhöhen – auf eineinhalb bis zwei Liter pro Tag. Auch schien die Nahrungsverweigerung so ausgeprägt, daß diesbezüglich dringend eine psychotherapeutische Behandlung empfohlen wurde. Die Eltern jedoch sahen die Notwendigkeit einer solchen Behandlung nicht ein und entschieden sich für eine Behandlung mit einem Klingelgerät.

Um es noch mal zu verdeutlichen: das Grundproblem ist nicht zu viel, sondern bei den meisten Kindern zu wenig Trinkflüssigkeit. Neben einer allgemeinen gesellschaftlichen Angewohnheit des Zuwenigtrinkens, neigen manche Kinder mit Blasenproblemen tags (vor allem bei der Drangstörungen) dazu, die Zahl ihrer Toilettengänge zu reduzieren, indem sie einfach weniger trinken. Dies löst nicht das Grundproblem, kann aber langfristige Gefahren für die Nierenfunktion mit sich bringen.

Belohnungen

Obwohl grundsätzlich gegen Belohnungen nichts einzuwenden ist, werden sie von Eltern häufig unangemessen und nicht erfolgreich eingesetzt. Häufig wird nicht die Mitarbeit und die Motivation durch Belohnungen verstärkt, sondern die Trockenheit an sich. Da dies jedoch nicht durch die Kinder direkt gesteuert werden kann, sind sie bei nassen Nächten entsprechend frustriert. Auch werden nicht Zwischenerfolge mit kleinen Belohnern verstärkt, sondern es werden große Geschenke, wie z. B. ein Fahrrad, für die vollständige Trockenheit in Aussicht gestellt. Bei einem Nichterfolg sind bei solch großen Belohnungen manche Kinder so frustriert, daß sie gar nicht mehr mitarbeiten wollen.

Strafen

Dagegen sollten jegliche Art von Strafen unbedingt unterlassen werden, da sie nicht sinnvoll sind, die Kinder gedemütigt werden und der Druck erhöht wird. Trotz hoher Dunkelziffer gaben in eigenen Untersuchungen 6 Prozent der Eltern an, daß sie ihre Kinder bestraft hätten – in England waren es sogar 30 Prozent.

6.3. Wie können Eltern ihrem Kind helfen?

Um Ihrem Kind tatsächlich zu helfen, ist es das wichtigste, Ihr Kind und sich selbst weiter zu entlasten. Dabei gilt grundsätzlich, daß alles, was zur Entspannung der familiären Situation beiträgt, sinnvoll sein kann.

Windeln

In einigen Fällen kann eine Gummiunterlage im Bett oder das Tragen von Windeln den enormen Arbeitsaufwand durch ständiges Wechseln der Bettwäsche reduzieren. Es sollte nicht unterschätzt werden, wieviele zusätzliche Waschmaschinen pro Woche anfallen, vor allem, wenn das Kind häufig und große Mengen einnäßt.

Ferner ist es wichtig, wenn das Kind trocken werden will, ihm durchaus Verantwortung zu übertragen. So kann es sinnvoll sein, daß es das Bett mit abzieht. Auch sollten die Kinder aktiv in alle Planungen mit einbezogen werden.

Kalenderführung

Bis auf wenige Ausnahmen sollte als erster Schritt immer eine Beobachtungsphase, eine sogenannte «Baseline», durchgeführt werden. Baseline bedeutet so etwas wie «Grundlinie», ein neutraler Ausgangspunkt, von dem neu gestartet werden kann. Es sollte für alle Beteiligten so etwas wie ein neues «Luftholen» bedeuten. Es sollte in diesen Wochen also zu keinen neuen Leistungsansprüchen kommen, sondern die Zeit nur zur Beobachtung genutzt werden. Das Erstaunliche ist, daß das Beobachten und Wahrnehmen an sich schon wirksam sein kann.

In der «Baselinezeit» werden Kinder gebeten, in einem Kalender trockene und nasse Nächte symbolisch, z. B. mit Sonne und Wolke, einzutragen (siehe Anhang). Falls ein Kind ein anderes Symbol wünscht (Fußbälle, Äpfel, Puppen oder was auch immer) darf es das nehmen. Ein besonderer Anreiz sind Kalender, in denen das Kind etwas ausmalen kann, also persönlich ausschmücken kann. Manchmal wollen Kinder sich sogar einen Kalender selbst malen und basteln. Bei trockenen Nächten können die Kinder gelobt, bei nassen sollten sie unterstützt werden, indem man das Positive betont: z. B. auf die vielen trockenen Nächte hinweist oder den Kalender allgemein lobt. Weitere Belohnungen sind nicht notwendig.

Diese einfachen Maßnahmen reichen bei zehn bis zwanzig Prozent aller Kinder aus, um trocken zu werden. Falls sich unter dieser Kalenderführung eine deutliche Besserung zeigt, kann sie über die üblichen vier Wochen hinaus fortgesetzt werden. Dabei ist es sinnvoll, die Kinder mitentscheiden zu lassen. So können manche Kinder klar äußern, daß sie mit dem Kalender ganz glücklich sind und nichts weiteres tun möchten – mit dem Resultat, daß sie z. T. nach Wochen oder Monaten in ihrer eigenen Zeit trocken wurden. Längere Kalenderzeiten sind vor allem bei den jüngeren fünf- und sechsjährigen Kindern häufig sinnvoll.

Andere Kinder sagen klar, daß selbst die vier Wochen für sie zu lang sind und sie eine besondere Hilfe, z. B. durch ein Klingelgerät, rascher wünschen. Auch falls sich zeigt, daß das Kind jede Nacht einnäßt und durch den Kalender frustriert wird, sollte die Zeit abgekürzt werden (z. B. auf zwei Wochen).

Falls das Kind unter diesen einfachen entlastenden Maßnahmen und der Kalenderführung nicht trocken wird, sind spezielle Behandlungsmöglichkeiten notwendig. Wichtig ist, daß dies nicht als ein Versagen interpretiert wird. Es sprechen nur 15–20 Prozent auf die Kalenderführung als einzige Behandlungsform an – die restlichen 80–85 Prozent eben nicht.

Beispiel 16:
Primäres isoliertes nächtliches Einnässen;
Ausspracheproblematik: Lispeln

Anne, ein siebenjähriges Mädchen, näßt jede Woche drei- bis viermal große Mengen ein, ist jedoch leicht erweckbar. Sie war bisher maximal drei Wochen lang trocken gewesen. Tags wurde sie mit dreieinhalb Jahren vollkommen trocken. Sie hatte bisher keine Harnwegsinfekte, auch geht sie normal häufig ohne Probleme auf die Toilette.

Ihre bisherige Entwicklung war völlig unauffällig bis auf ein Lispeln, das zwar logopädisch behandelt wurde, aber immer noch nicht behoben ist. Auch alle Untersuchungen waren unauffällig.

Es wurde deshalb mit Anne vereinbart, daß sie einen Sonne-Wolken-Kalender ausfüllt. Beim nächsten Termin hatte sich die Zahl der Wolken deutlich verringert und die der Sonnen dafür zugenommen, worauf Anne sehr stolz war. Wegen dieses guten Erfolges war es sinnvoll, die Kalenderführung noch eine Zeitlang fortzusetzen, womit Anne einverstanden war. Beim nächsten Termin hatte sie von 50 Nächten nur sechsmal eingenäßt – ein Kalender voller Sonnen!

Sie setzte das Aufzeichnen fort – und nur wenig später war sie vollkommen trocken.

Dieses Beispiel zeigt sehr eindrücklich, daß bei manchen Kindern eine Führung des Kalenders mit entsprechenden Erfolgen völlig ausreichen kann, um trocken zu werden. In diesem Fall wäre eine Behandlung mit einem Klingelgerät völlig unnötig gewesen.

Nach eigener Erfahrung sprechen manche Kinder besonders gut auf Kalender an: wenn, wie bei Anne, wirklich nur ein reines (isoliertes) Bettnässen vorliegt, d. h. wenn keine weiteren Blasenprobleme vorliegen, wenn sie motiviert sind, mitarbeiten und von ihren Eltern darin unterstützt werden, wenn sie nicht jede Nacht einnässen, d. h. schon erfahren haben, daß sie trocken sein könnten, und wenn sie nachts leichter erweckbar sind. Häufig hat man den Eindruck, daß leicht erweckbare Kinder «auf dem Weg zur Trockenheit» sind und nur noch eine leichte Unterstützung dazu brauchen, diesen letzten Schritt zu schaffen.

6.4. Die gängigsten Behandlungsmethoden

6.4.1. Behandlung mit einem Klingelgerät – die wirksamste Möglichkeit

Falls die alleinige Kalenderführung nicht zum Erfolg führt, gibt es noch eine Reihe anderer Behandlungsmöglichkeiten, die inzwischen auf ihre Effizienz untersucht sind. Auch wurden in mehreren sogenannten «Metaanalysen» viele einzelne Wirksamkeitsstudien zu einem Gesamtergebnis zusammengefaßt. Die Ergebnisse einer der größten Metaanalysen sind in Tabelle 7 dargestellt.

Bei diesen Wirksamkeitsuntersuchungen zeigt sich ganz eindeutig, daß nicht-medikamentöse Behandlungen (die ersten vier Zeilen) effizienter sind und länger anhalten , als solche mit Medikamenten.

Von den nicht-medikamentösen Behandlungen ist die Behandlung mit einem Klingelgerät mit Abstand das Mittel der ersten Wahl. Wenn diese korrekt durchgeführt wird, werden 60 bis 70 Prozent aller Kinder trocken, die meisten bleiben auch langfristig

trocken.

Tabelle 7: Wirksamkeit der Behandlungen für Bettnässen
nach der Metaanalyse von Houts[43]

Behandlungsmethode	Prozent trocken am Behandlungsende	Prozent langfristig trocken
Klingelgerät alleine	62%	47%
Klingelgerät mit Verstärker	72%	56%
Verhaltenstherapien	33%	30%
Weitergehende Psychotherapien	21%	11%
Antidepressiva	40%	17%
Desmopressin (Minirin®)	46%	22%
Andere Medikamente	18–27%	10–16%
Spontane Heilungsrate		13,5%/Jahr

Einen sehr viel geringeren Effekt haben Verhaltenstherapien, bei denen das Kind durch Belohner mit einem Verhaltenstraining behandelt wird. Nur ein Drittel der Kinder wird dabei trocken. Noch viel weniger wirksam sind andere Formen von Psychotherapien, z. B. Gesprächs- oder Spieltherapien: 21 Prozent aller Kinder wurden dadurch trocken, und nur 11 Prozent blieben langfristig trocken. Diese Zahlen müssen mit der Rate des spontanen Trockenwerdens, nämlich 13,5 Prozent pro Jahr, verglichen werden. In diesem Vergleich schneiden Psychotherapien, wie etwa Spieltherapien, nicht gut ab – sie sind nicht wirksamer als ein reines Abwarten. Spieltherapien sind wirksam und sinnvoll, wenn Ihr Kind zusätzliche Probleme, z. B. eine Depression, zeigt. Bei einem reinen nächtlichen Einnässen sind sie jedoch nicht angezeigt.

Eine weitere Möglichkeit, die Erfolgsrate noch etwas anders, sogar anschaulicher zu berechnen, ist die der Wahrscheinlichkeit, 14 trockene Nächte hintereinander zu erreichen. Auch hierbei war eine Klingelgerätbehandlung – im Vergleich zu Kindern, die nicht behandelt wurden – mit Abstand am erfolgreichsten: die Wahrscheinlichkeit war 13,3 mal höher als bei den Kontrollen[44].

Behandlung mit einem Klingelgerät
(apparative Verhaltenstherapie)

Da das Klingelgerät damit mit Abstand die wirksamste und sinnvollste Methode darstellt, soll sie ausführlich erläutert werden. Der Fachausdruck für eine Behandlung mit einem Klingelgerät heißt «apparative Verhaltenstherapie», oder abgekürzt AVT.

Was ist ein Klingelgerät? Ein Klingelgerät besteht im Prinzip aus einem Feuchtigkeitsfühler, der über zwei Kabel mit einer Klingel verbunden ist. Wird durch Flüssigkeit der Feuchtigkeitsfühler naß, wird ein Kreislauf geschlossen und eine batteriebetriebene Klingel ausgelöst. Es gibt zwei Formen von Klingelgeräten, die sogenannten «Klingelhosen» und die «Klingelmatten».

Die *Klingelmatte* besteht aus einem größeren Feuchtigkeitsfühler, der unter dem obersten Bettlaken ins Bett gelegt wird. Dieser Feuchtigkeitsfühler kann aus einem Tuch bestehen, in dem Drähte eingenäht sind oder aus einer beschichteten und durchlöcherten Metallfolie. Diese Matte ist mit zwei Kabeln mit dem Klingelgerät verbunden, das neben das Bett gestellt werden kann.

So sieht ein Bettgerät aus:

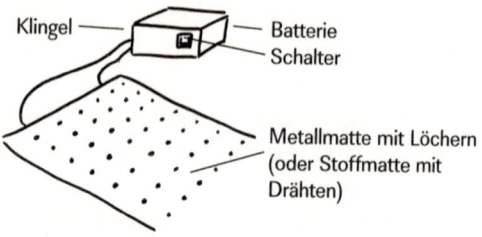

Klingel — Batterie / Schalter

Metallmatte mit Löchern (oder Stoffmatte mit Drähten)

Die zweite Form ist die sogenannte *Klingelhose*. Dieser Name ist irreleitend, da es sich nicht um eine Hose handelt. Statt dessen wird ein Feuchtigkeitsfühler an der Unterhose oder am Schlafanzug befestigt. Der Feuchtigkeitsfühler besteht entweder aus einem Stofflappen, in den Drähte eingenäht sind, oder aus zwei kleinen, in Plastik eingefaßten Metallfühlern. Die Klingel steht nicht neben dem Bett, sondern wird ebenfalls am Schlafanzug am Kragen oder Ausschnitt befestigt und ist über Kabel mit dem Feuchtigkeitsfühler verbunden. Bei manchen Geräten ist es erforderlich, daß Knöpfe und Klettverschlüsse am Schlafanzug angenäht werden müssen. Dagegen können neuere Geräte einfach in einer Stoffalte am Schlafanzugoberteil und die Fühler an der Hose festgeklemmt werden. Beides ist sehr viel einfacher zu handhaben.

So sieht ein tragbares Gerät aus

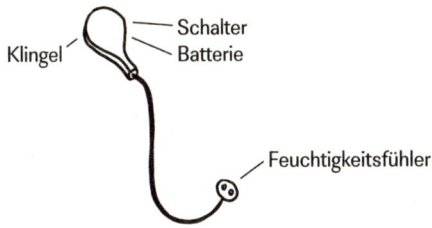

Schalter
Klingel
Batterie

Feuchtigkeitsfühler

Beide Geräte sind gleich wirksam, so daß die Auswahl den Kindern überlassen werden sollte. Nach eigener Erfahrung werden die tragbaren Geräte (Klingelhosen) von jüngeren Kindern bevorzugt, während ältere Kinder und Jugendliche fast ausschließlich Bettgeräte (Klingelmatten) auswählen. Beide haben ihre Vorteile. Bei den tragbaren Geräten können z. B. weiter Windeln angezogen werden. Die Bettgeräte dagegen haben den Vorteil, daß sie über einen Lautstärkenregler verfügen und bei schwerer Erweckbarkeit lauter eingestellt werden können als die tragbaren Geräte.

Wie wirkt ein Klingelgerät?

Die genaue Wirkungsweise des Klingelgerätes ist nicht geklärt. Es handelt sich nicht um eine «klassische Konditionierung», wie man ursprünglich gemeint hat. Man mag sich vielleicht an die bekannten Experimente von Pawlow erinnern. Sieht ein Hund Nahrung, werden Speichel und Magensaft vermehrt produziert. Die Nahrung ist ein Reiz, der eine Reaktion auslöst. Wenn ein zweiter, neutraler Reiz (wie eine Klingel) mit dem ersten Reiz (Nahrung) zeitlich gekoppelt wird, dann wird im Laufe der Zeit das Klingeln alleine ausreichen, die vermehrte Produktion der Sekrete in Gang zu bringen – die Reaktion auf eine Klingel wurde konditioniert.

143

Bei dem Klingelgerät im Fall des Bettnässens ist es anders. Der Reiz ist die gefüllte Blase, die sich entleeren will und deshalb beginnt, sich zusammenzuziehen. Die erwünschte (zu konditionierende) Reaktion wäre entweder ein Aufwachen oder eine Beruhigung der Blase, so daß man weiterschlafen kann. Für eine klassische Konditionierung wäre es notwendig, daß vor dem Einnässen (bei gefüllter Blase) ein Signal (Reiz) erfolgt, der den Füllungszustand signalisiert. Im Laufe der Zeit könnte der Blasendruck alleine (ohne Signal) zum Aufwachen oder Weiterschlafen konditioniert werden.

Solche Geräte werden zur Zeit in Untersuchungen erprobt, sind noch nicht erhältlich. So könnte man ein kleines Ultraschallgerät auf den Bauch plazieren, das im Schlaf den Füllungszustand registriert. Wenn die Blase voll ist, würde das Kind mit einer Klingel geweckt – also vor dem Einnässen. Mit der Zeit reicht die volle Blase ohne Klingel für die adäquate Reaktion aus. Dies wäre eine ideale Konditionierung.

Ein Lernprogramm

Mit den derzeitigen Klingelgeräten wird das Kind erst nach dem Geschehen, nachdem der Fühler naß geworden ist, geweckt – also eigentlich zu spät. Wie kann es trotzdem wirken?

Zunächst ist auch die Klingel an sich nicht ausschlaggebend. Als die ersten Geräte in den dreißiger Jahren von dem Ehepaar Mowrer in den USA entwickelt wurden, waren sie sehr viel komplizierter[45]. Nachdem das Kind eingenäßt hatte, setzte sich ein Mechanismus in Gang, der das ganze Bett kippte, so daß das Kind hinausrollte. Das Wachwerden war garantiert, aber durch die modernen Klingelgeräte ist die Prozedur doch etwas einfacher und angenehmer geworden.

Entscheidend für den Erfolg des Klingelgerätes ist – im Gegensatz zum zufälligen Wecken durch die Eltern – die zeitliche Kopplung zwischen dem Einnässen, dem anschließenden Wachwerden des Kindes und dem Toilettengang. In einer Untersuchung konnte gezeigt werden, daß es dabei nicht entscheidend war, ob das Kind von selber durch die Klingel wach wurde oder durch das aktive Wecken der Eltern. Die Erfolgsquote war gleich groß. Ausschlaggebend war, daß das Wachwerden unmittelbar nach dem Klingeln erfolgte und daß das Kind dabei vollständig wach wurde.

Inzwischen weiß man, daß es sich bei der Behandlung mit einem Klingelgerät um ein komplexes Lernprogramm handelt, bei dem über positive, verstärkende Faktoren (wie Lob und Erfolgserlebnisse) wie auch durch weniger angenehme Erfahrungen (wie das nächtliche Wachwerden und Bettabziehen) das Kind lernt, trocken zu werden. Das Lernen kann man dem Kind mit dem Beispiel der Schule vermitteln: auch dort kann es nur lernen, wenn es wach wird und mitarbeitet – so ähnlich ist es auch mit dem Klingelgerät.

Dabei kann die Trockenheit über zwei Resultate erreicht werden: erstens dadurch, daß das Kind trocken durchschläft – in diesem Fall wird der Entleerungsreflex der Blase unbewußt unterdrückt, so daß das Kind mit voller Blase bis zum Morgen durchschläft; zweitens dadurch, daß das Kind wach wird und auf die Toilette geht (die sogenannte Nykturie) – in diesem Fall führt der Füllungsdruck der Blase zum Aufwachen. Welches Ziel erreicht wird, ist nicht entscheidend, solange das Kind trocken geworden ist.

Voraussetzungen für eine erfolgreiche Behandlung

Damit die Behandlung möglichst erfolgreich wird, sind einige wichtige Punkte zu beachten. Zunächst muß geklärt werden, ob die Voraussetzungen für eine Behandlung mit einem Klingelgerät gegeben sind. Es gibt manche Situationen, in denen dies nicht sinnvoll wäre. Wenn Eltern z. B. eigene Schlafstörungen haben, nachts sehr belastet sind durch die Versorgung von Babys und anderen jüngeren Kindern oder die Berufstätigkeit eine Unterbrechung des Schlafes ausschließt, würde eine Behandlung mit einem Klingelgerät den Streß der Familie nur erhöhen statt vermindern. Es handelt sich bei dem Klingelgerät um so etwas wie eine «Familientherapie». Fast alle Kinder (und Jugendlichen) werden die aktive Mithilfe der Eltern benötigen. Aus eigener Erfahrung gibt es nur eine ganz kleine Zahl von hochmotivierten Jugendlichen, die alles in eigener Regie erledigt.

Wenn die Zeit für die Familie ungünstig ist, sollte eine Therapie mit einem Klingelgerät immer verschoben werden, da sonst die Nachteile über die möglichen Vorteile überwiegen. Oft ist ja auch **145** abzusehen, wann sich die familiäre Situation entspannen wird – z. B. nach dem Sommerurlaub, wenn das Geschwisterkind nachts durchschläft, Eltern die Arbeitszeiten reduzieren, usw. Bis dahin kann man die Zeit oft mit anderen Möglichkeiten überbrücken.

Auch müssen von kindlicher Seite einige Bedingungen geklärt sein. Das Kind muß über Einzelheiten der Behandlung aufgeklärt werden und genügend motiviert sein, diese auch eine Zeitlang mitzutragen. Falls die Motivation nicht vorhanden ist, kann eine Behandlung nicht gegen den Willen des Kindes durchgeführt werden. Es besteht sonst eher die Gefahr, daß sich über das Klingelgerät Auseinandersetzungen zwischen Kind und Eltern entwickeln können. In solchen Fällen ist es auch sinnvoll, die Behandlung zu verschieben. Man kann die Vorteile dem Kind erklären und es auffordern, selber zu entscheiden, wann es dafür bereit ist – in einem Monat, in einem halben Jahr oder noch später. Immer wieder haben wir die Erfahrung gemacht, daß unentschlossene Kinder nach einer solchen Wartezeit irgendwann ihr Einnässen wirklich loswerden wollten. Mit frischer Motivation klappte es dann meistens ganz hervorragend.

Wenn das Kind schon von Anfang an hochmotiviert ist, kann eine Behandlung ab dem Alter von fünf Jahren durchgeführt werden, ansonsten von sechs bis sieben Jahren. Auch bei geistig behinderten Kindern ist eine Behandlung grundsätzlich möglich.

Wenn der Entschluß zu einer Behandlung nach gründlicher Aufklärung getroffen ist, kann ein Klingelgerät über Ihren Arzt per Rezept verschrieben werden. Dabei muß der Grund für die Verschreibung auf dem Rezept vermerkt werden. Da die Geräte häufig nicht vorrätig sind, müssen sie über Apotheken oder Sanitätshäuser bestellt werden. Die Kosten für die Geräte werden von fast allen Krankenkassen übernommen. Es gibt wenige (private) Kassen, die die Geräte (unverständlicherweise) aus ihrem Erstattungskatalog gestrichen haben. Manchmal ist eine zusätzliche Begründung von dem behandelnden Kinderarzt erforderlich. Im Gegensatz zu anderen Ländern wie England werden in Deutschland Geräte für jedes Kind neu verschrieben. Dabei könnte man die Geräte auch gut verleihen, da sie von vielen Kindern gebraucht werden könnten. Dazu müßte das Gerät nur gereinigt und desinfiziert werden und mit einem neuen Kabel und Feuchtigkeitsfühler versehen werden.

Konkrete Durchführung der Behandlung mit einem Klingelgerät

Wichtig ist, daß das Kind abends vor dem Zubettgehen noch einmal auf die Toilette geht (was die meisten Kinder sowieso tun). Das Gerät wird entsprechend angelegt und angeschaltet. Bei dem tragbaren Gerät wird die Klingel an dem Schlafanzug in der Nähe eines Ohres festgeklemmt, der Feuchtigkeitsfühler wird in dem Schlafanzug oder in einer Unterhose vor dem Genital plaziert und befestigt.

Klingelgeräte – So werden sie getragen

Am Schlafanzug

in der Hose

So werden sie hingestellt (nicht vergessen anzustellen)

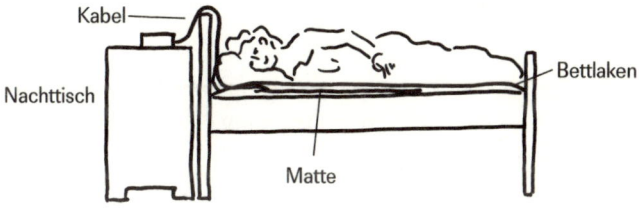

Kabel

Nachttisch

Matte

Bettlaken

Falls es sich um eine trockene Nacht handelt, schläft das Kind durch, das Gerät klingelt nicht und kann am Morgen ausgeschaltet werden. Falls es zum Einnässen kommt, wird über den Fühler die **147**

Klingel ausgelöst. Das Kind wird angeleitet, möglichst rasch wach zu werden und den Urin soweit wie möglich zurückzuhalten. Da das Wachwerden im Anschluß an das Einnässen für den Erfolg wichtig ist, sollten Sie immer darauf achten, daß Ihr Kind nicht weiterschläft, sondern tatsächlich wach wird und bewußt alle Abläufe miterlebt. Falls es nicht von selber wach wird, können Schütteln, Rütteln oder auch ein feuchter Waschlappen hilfreich sein. Bei Jugendlichen wurden in Trainingsprogrammen auch Liegestützen, Kniebeugen und sogar Rechenaufgaben vorgegeben, um zu gewährleisten, daß sie tatsächlich wach wurden und blieben. Man kann es den Kindern so erklären, daß sie, wie auch in der Schule, wach sein müssen, um etwas bei diesem Programm zu lernen.

Nach dem Klingeln wird das Gerät abgestellt, das Kind geht in das Badezimmer und macht den Rest des Urins in die Toilette. Anschließend wird das Bett abgezogen (oder die Windel wird gewechselt – nur bei tragbaren Geräten), und das Gerät wieder neu eingestellt. Falls es in der Nacht mehrmals klingelt, muß dieser Ablauf wiederholt werden.

In einem Plan, der im Anhang abgebildet ist, wird der Verlauf jeder Nacht dokumentiert. Bei trockenen Nächten wird vermerkt, ob das Kind trocken durchschläft oder aufgestanden und zur Toilette gegangen ist. Bei den nassen Nächten wird der Zeitpunkt des Klingelns vermerkt, die Einnäßmenge, die Urinmenge auf der Toilette und ob das Kind von selber wach geworden ist. Diese Dokumentation ist sehr wichtig, da nur so der Fortschritt der Behandlung deutlich wird und zur Motivationssteigerung beitragen kann. Zwischenerfolge, die einen guten Weg zur Trockenheit aufzeigen können, sind: eine Reduktion der Einnäßmenge, eine Zunahme der Urinmengen auf der Toilette und ein spontanes Aufwachen des Kindes nach dem Klingeln. Diese sollten immer positiv betont und verstärkt werden.

Damit das Programm effizient sein kann, müssen einige weitere Bedingungen beachtet werden: Zunächst ist entscheidend, daß die Klingel wirklich konsequent jede Nacht angelegt wird. Es ist wichtig, daß keine Unterbrechung auftritt – bis auf wenige Ausnahmesituationen wie bei Schulausflügen, während des Urlaubs und dergleichen. Ansonsten ist wichtig, daß das Programm lang genug durchgeführt wird. Während manche Kinder schon nach zwei bis drei Wochen trocken sind, benötigen viele eine Zeit von acht bis zehn Wochen. Es gilt allgemein die Regel, daß es maximal 16 Wochen, d. h. vier Monate, durchgeführt wird. Falls Ihr Kind bis dahin nicht trocken ist, sollte das Gerät abgesetzt oder das Programm variiert werden.

Wenn Ihr Kind mindestens 14 Nächte hintereinander trocken war, wird dies als Trockenheit gewertet, und das Gerät kann abgesetzt werden. Sie sollten es weiter aufbewahren für den seltenen Fall, daß ein Rückfall auftritt. Während die meisten Kinder, die trocken werden, auch trocken bleiben, kann es ab und zu zu einem gelegentlichen Einnässen kommen. Dies ist nicht tragisch, so daß Ihr Kind unbedingt entlastet und beruhigt werden sollte. Als Rückfall, der bei 15 Prozent der trocken gewordenen Kinder auftreten kann, wird ein Wiedereinnässen an zwei Nächten pro Woche definiert. Falls dieses der Fall ist, sollte sofort mit der Klingelgerätbehandlung wieder erneut begonnen werden. Dadurch werden die meisten Kinder mit einem Rückfall wieder trocken.

Während einer Behandlung mit einem Klingelgerät sollten Sie mehrfach Kontakt mit Ihrem Arzt oder Therapeuten haben, um den Verlauf der Behandlung zu überwachen und mögliche Probleme sofort zu besprechen.

Gibt es Nebenwirkungen bei einem Klingelgerät?

Im Gegensatz zu Medikamenten gibt es bei einem Klingelgerät keine Nebenwirkungen. Es sollte natürlich korrekt und in einer motivierten und entspannten familiären Atmosphäre eingesetzt werden.

Dennoch werden von Eltern (und Therapeuten) Befürchtungen und Vorurteile immer wieder geäußert, die zu klären sind:

— Das Gerät fügt keinen Schaden zu. Die Kinder werden in keinster Weise verhaltensauffälliger oder gestörter. Es gibt auch keinen Hinweis, daß «unbewußte» Schäden entstehen, die das Kind später beeinträchtigen könnten. Im Gegenteil: Kindern, die trocken werden, geht es sehr viel besser als vorher.

— Auch kommt es bei den Kindern nicht zu Schlafstörungen. Nach eigener Erfahrung schlafen die meisten Kinder sofort nach dem Toilettengang wieder ein – manche sind so müde, daß sie das Bettabziehen gar mehr mit bekommen. Von daher sind die Kinder am nächsten Tag nicht müder als sonst und können sich in der Schule gut konzentrieren. Wenn es Schlafprobleme gibt, dann bei den Eltern: manche Mütter erzählen, daß sie anschließend nicht wieder einschlafen können und lange wach liegen. Wenn andere berufliche und familiäre Verpflichtungen hinzukommen, kann das das allgemeine Lebensgefühl erheblich beeinträchtigen. Dies wäre ein klarer Grund, eine solche Behandlung nicht anzufangen oder sogar abzusetzen.

– Manche Kinder glauben, daß sie durch das Gerät einen Stromschlag bekommen können. Es ist deshalb ganz wichtig, ihre Ängste und Sorgen vorher zu erfragen und sie zu beruhigen. Die modernen Geräte sind alle batteriebetrieben – und von neun Volt gibt es keinen Schlag. Zudem läßt sich die Funktion des Sensors gut erklären: Man kann die Kinder den Fühler unter den Wasserhahn halten und mit dem Gerät spielen lassen, was den meisten viel Spaß bereitet.

– Auch kann man von den Geräten keinen Hautausschlag bekommen. Bei den alten Geräten (vor 30 bis 50 Jahren), die noch mit Strom aus dem Netz betrieben wurden, gab es Berichte von Blasenbildungen durch die Klingelmatte. Diese Gefahr ist mit den neuen Geräten nicht mehr gegeben.

Schließlich kann man sich fragen: Bei so hohem Erfolg und keinen Nebenwirkungen – warum wird das Gerät nicht häufiger verwendet?

Welche Faktoren beeinflussen den Erfolg des Klingelgerätes?

Wie schon eingangs besprochen, ist die Motivation und Bereitschaft mitzuarbeiten am entscheidensten. In Untersuchungen hat man einige Bedingungen identifizieren können, die den Verlauf der Behandlung beeinflussen[3]. Zu diesen gehören:

– *Länge der Fahrtwege zur Klinik (oder Praxis):* Wenn der behandelnde Arzt oder Therapeut bei Kontrollen und Fragen schlecht erreicht werden kann, ist dies ungünstig; oft kann auch ein kurzer Telefonanruf wichtige Aspekte und Unsicherheiten klären.

- *Wartezeit für Termine:* Es ist natürlich am günstigsten, wenn bei entsprechender Motivation Kind und Eltern sofort einen Termin bekommen könnten. Dies ist in einer kinderärztlichen Praxis oft eher möglich als in Spezialambulanzen an Kliniken, die oft überlaufen sind.
- *Ungünstige Wohnverhältnisse:* Bei engen Wohnbedingungen kann ein Klingelgerät nicht streßfrei eingesetzt werden, da andere Familienmitglieder geweckt werden. Es ist am günstigsten, wenn es sich so organisieren läßt, daß Geschwister und ein Elternteil nicht geweckt werden und durchschlafen können. In manchen Familien haben sich die Eltern die nächtlichen Aufgaben geteilt und z. B. abwechselnd im Zimmer des betroffenen Kindes geschlafen. Alle Arrangements sind sinnvoll, die für die Familie am bequemsten sind. Und man sollte sich klarmachen: Bei dem Klingelgerät handelt es sich um einen zeitlich befristeten Einsatz mit einer hohen Erfolgsquote!
- *Familiäre Stressoren und Kooperation der Eltern:* Diese wurden schon ausführlich oben besprochen.
- *Elterliche Intoleranz und Ärger:* Wenn Eltern davon ausgehen, daß das Kind absichtlich einnäßt, um sie zu ärgern oder provozieren, werden sie natürlich bei dieser aufwendigen Behandlung weniger gelassen sein. Die Wahrscheinlichkeit, daß es zu ärgerlichen Auseinandersetzungen über das Gerät kommt, ist groß. Auch sollte das Gerät niemals von den Kindern als Strafe empfunden werden.
- *Negatives Selbstwertgefühl beim Kind:* Dies wird sich mit hoher Wahrscheinlichkeit durch eine erfolgreiche Behandlung bessern – deshalb sollte ein Kind optimistisch gestützt und motiviert werden, sich auf die Behandlung einzulassen.
- *Verhaltensprobleme des Kindes:* Auch dies ist keine Argument gegen das Gerät; falls die Verhaltensauffälligkeiten sehr ausgeprägt sind, sollten diese gleichzeitig (oder zeitlich versetzt) unabhängig vom Einnässen behandelt werden.

– *Vorheriges Versagen einer Klingelgerätbehandlung:* Hierbei ist genau zu prüfen, warum die Behandlung versagt hat. Häufig stellt sich heraus, daß das Gerät nicht korrekt eingesetzt wurde. Häufige Fehler sind: ein zu kurzer Versuch – manche Eltern geben nach wenigen Tagen auf; kein konsequenter Einsatz jede Nacht; zu langer Versuch – manche Eltern setzen das Gerät länger als die empfohlenen maximalen 16 Wochen ein (z. T. bis zu einem ganzen Jahr), bis alle völlig frustriert und demotiviert sind; das Kind wird trotz des Klingelns nicht vollständig wach, sondern wird schlafend von den Eltern auf die Toilette getragen und abgehalten. Wenn das Klingelgerät trotzdem korrekt eingesetzt wurde und der Versuch ein bis zwei Jahre zurückliegt, kann mit neuer Instruktion sofort ein zweiter Versuch wiederholt werden. Manchmal kann es sinnvoll sein, den Gerätetyp zu wechseln, z. B. von einem tragbaren zu einem (lauteren) Bettgerät. Solch ein Wechsel hat bei einigen Kindern den Durchbruch bewirkt. Wenn allerdings der letzte Versuch vor kurzem erst beendet wurde, ist eine Pause oder ein Wechsel zu einer anderen Behandlungsform (z. B. Medikamente) mit Sicherheit sinnvoll – denn in diesem Fall ist eine «Klingelpause» sehr wohltuend.

Auch ist die Wirksamkeit des Klingelgeräts abhängig von der Einnäßform:

– *Ungünstiger bei sekundärer Enuresis nocturna:* Bei der hohen Rate von Verhaltensproblemen und Belastungen bei Kindern mit einem Rückfall ist dies verständlich; aber dennoch: auch bei einem Rückfall ist ein Klingelgerät Mittel der ersten Wahl.
– *Ungünstiger bei Einnässen oder Blasenproblemen tags:* Hier ist es unbedingt notwendig, daß alle Probleme tags (ob mit oder ohne Einnässen) immer zuerst behandelt werden – sonst wird das Klingelgerät nachts nicht erfolgreich werden können und man erhöht die Gefahr für Resturinbildung und Harnwegsinfekte, da auch nachts Urin zurückgehalten wird (bei den Kindern, die durchschlafen lernen).

Entscheidend wird der Erfolg weiter durch die Qualität der Arzt-Patient-Beziehung und der Form und Häufigkeit der Nachkontrollen beeinflußt. Mit der Verschreibung des Gerätes ist es nicht nur getan. Das Gerät kann am besten wirken im Rahmen einer entspannten, stützenden Arzt (Therapeut)-Kind-Eltern-Beziehung, in der sich alle aufgehoben fühlen. Diese wird in der englischen Sprache als «good doctoring» bezeichnet.

6.4.2. Zusätzliche Methoden zur Verstärkung des Klingelgerätes

Eine erfolgreiche Behandlung des Bettnässens führt zu einer deutlichen Besserung des Selbstwertgefühls – unabhängig von der Behandlungsmethode[46]. Von daher ist das Ziel, daß das Kind absolut trocken wird und nicht nur seltener einnäßt, unbedingt wichtig. Bei einem Erfolg geht es Kind und Familie sehr viel besser.

Dennoch werden, wie schon erwähnt, nicht alle Kinder sofort trocken. Selbst bei der erfolgreichsten Behandlungsmethode, dem Klingelgerät, sind dies nur 70 Prozent. Auch ein Teil der Kinder erleidet einen Rückfall, von dem es sich nicht erholt und naß bleibt. In solchen Fällen sollten die Gründe für ein Therapieversagen genau analysiert und Änderungen in der Behandlung erwogen werden.

Ursachen für ein Versagen der Therapie

— Zunächst sollte überprüft werden, ob die *Motivation* und die Bereitschaft zur Mitarbeit in der Familie ausreicht. Es gibt immer wieder Kinder, die zum Zeitpunkt der Behandlung einfach noch nicht für eine konsequent durchgeführte Behandlung motiviert sind. Manche Kinder wollen ihre Eltern nicht enttäuschen, willigen zu einer Behandlung ein, obwohl sie es eigentlich nicht wirklich wollen oder es ihnen nicht so wichtig ist.

— Falls das Kind zusätzliche *Verhaltensprobleme* zeigt, könnten diese auch ein Grund für den mangelnden Erfolg sein. Es sollte überprüft werden, ob andere Behandlungsangebote notwendig sind. Auch können begleitende Symptome die Be- **153** handlung mit einem Klingelgerät erschweren oder gar unmöglich machen.

– Wenn ein *nicht-isoliertes Bettnässen* vorliegt, zeigt das Kind tagsüber Blasenfunktionsstörungen, die natürlich auch nachts auftreten könnten. Ein häufiges Problem findet sich bei Drangsymptomen aufgrund einer Instabilität des Blasenhohlmuskels, der sich tags und nachts in der Füllungsphase zusammenzieht. Typisch hierbei ist, daß die Klingel nachts mehrfach ausgelöst wird. In diesen Fällen kann eine Kombination des Klingelgerätes mit dem Medikament Oxybutinin (Dridase) sinnvoll sein, das die Blasenmuskulatur ruhigstellt und dadurch ein häufiges Klingeln vermeidet. Das Medikament Oxybutinin ist in diesem Zusammenhang wichtig, da ansonsten Kind und Eltern durch das häufige Wecken sehr frustriert werden und die Behandlung abbrechen.

– *Mögliche Fehler bei einer zurückliegenden Behandlung.* Diese sollten genau analysiert werden. Häufig wurde die Behandlung einfach nicht lange und nicht konsequent genug durchgeführt.

Zusätzliche Maßnahmen

Falls die genannten Gründe nicht vorliegen, gibt es andere Möglichkeiten, den Effekt des Klingelgerätes zu verstärken. Dies geschieht durch zusätzliche verhaltenstherapeutische Elemente und Trainingsprogramme, die das Ziel haben, meist über positive Verstärkung den Anreiz zur Mitarbeit zu erhöhen.

Diese Verstärkungen führten nach der Metaanalyse von Houts (Tabelle 6) zu höheren Trockenheitsraten am Ende der Behandlung (72 Prozent) als mit dem Klingelgerät alleine[43]. Das Gerät wird bei all diesen Programmen weiter eingesetzt – und ist sogar unabdingbare Voraussetzung für den erhöhten Erfolg.

Aufwach-Training (Arousal Training)

Eine sehr sinnvolle Form ist das sogenannte Aufwach- oder Wecktraining. Dabei werden Kinder aufgefordert, nach dem Einnässen das Gerät innerhalb von drei Minuten abzustellen und zur Toilette zu gehen. Falls dieses Ziel erreicht wird, erhält das Kind zwei kleine

Belohnungen, z. B. «Sticker» oder Aufkleber. Falls das Kind das Ziel nicht erreicht, muß es einen «Sticker» zurückzahlen. Bei jüngeren Kindern sollte man sich auch nur darauf beschränken, sie zur Mitarbeit nur mit einem Sticker zu motivieren, da sie die Frustration nicht aushalten können, einen schon erhaltenen Sticker wieder zurückzugeben. Einer Untersuchung zufolge waren der initiale Erfolg (89 Prozent) und die Trockenheitsrate nach zweieinhalb Jahren (92 Prozent) höher als mit einem Klingelgerät alleine (73 Prozent; bzw. 72 Prozent)[47].

Diese Form der Verstärkung ist aus unserer Sicht die wichtigste und sinnvollste.

Overlearning (Lernverstärkung)

Bei dem Overlearning, das man schlecht ins Deutsche übersetzen kann, werden dem Kind nach Erreichen der Trockenheit größere Flüssigkeitsmengen abends angeboten, um die Stabilität des Erfolges zu festigen[48]. Im Prinzip handelt es sich um eine Provokationsmethode: Man will sehen, ob das Kind auch mit noch mehr Flüssigkeit (als der Körper durch die Polyurie produziert) trotzdem noch trocken bleibt. Dadurch konnte die Rückfallquote deutlich reduziert werden. Es scheint sich um eine sinnvolle, jedoch wenig eingesetzte Methode zu handeln.

Das Dry-Bed-Training (DBT)

Auch ein sehr aufwendiges Trainingsprogramm kann die Wirkung des Klingelgerätes noch weiter verstärken. Es handelt sich um das sogenannte Dry-Bed-Training (das Trocken-Bett-Training)[49]. Dieses sollte nur unter genauer Anweisung und Begleitung im häuslichen Rahmen, ansonsten unter klinischen Bedingungen durchgeführt werden. Deshalb wird es hier nur kurz angerissen und nicht ausführlich behandelt.

Das Training beginnt mit einer Intensivnacht. Vor dem Schlafengehen wird das Kind detailliert instruiert und die sogenannte «positive Praxis» eingeübt. Das Kind muß 20 Mal hintereinander auf dem Bett liegen, bis auf 50 zählen und auf die Toilette gehen. Danach wird es stündlich geweckt, es wird Flüssigkeit angeboten und das

Kind kann entscheiden, ob es sofort auf die Toilette geht oder eine weitere Stunde zurückhält. Falls es zum Einnässen kommt, muß die feuchte Bettwäsche entsorgt werden und die «positive Praxis» eingesetzt werden.

In den folgenden Nächten werden die o.g. Elemente beibehalten, das Wecken erfolgt jedoch nur einmal pro Nacht nach einem bestimmten Schema. In der zweiten Nacht zur Schlafenszeit der Eltern; falls das Kind trocken bleibt, wird es in der folgenden Nacht jeweils eine halbe Stunde früher geweckt. Das Wecken wird unterbunden, wenn die Weckzeit eine Stunde nach dem Einschlafen des Kindes erreicht wird. Nach sieben konsekutiven trockenen Nächten wird das Klingelgerät nicht mehr verwendet. Falls es zu einem Rückfall kommt, wird das Klingelgerät und das einmalige Weckschema wieder begonnen.

Wie in dieser kurzen Darstellung ersichtlich, ist das Dry-Bed-Training sehr aufwendig und wirkt nur in Kombination mit dem Klingelgerät. Eltern und Kinder müssen sehr motiviert und gut angeleitet werden, um es zu Hause durchzuführen. Häufig wird es deshalb in Kliniken durch erfahrene Krankenschwestern eingesetzt.

Eine schnelle, initiale Trockenheit konnte in der ursprünglichen Untersuchung bei 94,5 Prozent der Kinder erreicht werden, die Rückfallquote lag bei 26,7 Prozent[49]. In einer neuen Metaanalyse unterschieden sich die Effekte der beiden Methoden nicht wesentlich[44]: die Wahrscheinlichkeit, trocken zu werden, war bei dem Klingelgerät alleine 13,3-fach höher, bei dem DBT 10-fach höher. Allerdings ist die entscheidendste Komponente beim DBT das Klingelgerät; ohne dieses war der Therapieerfolg nur 2,5-fach höher.

Aus diesen Gründen setzen wir das DBT nie als erste Methode ein. Bei älteren Kindern und Jugendlichen, die auf alle anderen Behandlungen nicht angesprochen haben, haben wir deutliche Erfolge sehen können.

Unterstützung durch Medikamente (Desmopressin)
Falls das Kind sehr häufig einnäßt sowie zusätzliche Verhaltensprobleme zeigt, kann die Kombination von Klingelgerät und Desmopressin sehr sinnvoll sein. Dabei wird das Medikament für eine be-

grenzte Zeit gegeben, z. B. sechs Wochen, anschließend abgesetzt. Das Kind erfährt in dieser Zeit, daß es trocken sein kann, die Motivation steigt, so daß die weitere Fortsetzung der Klingelgerätbehandlung auf einer sehr viel tragfähigeren Basis erfolgen kann.

Klinische Behandlung

Während die meisten Kinder sehr gut mit den o.g. Möglichkeiten im häuslichen Rahmen behandelt werden können, gibt es eine kleine Gruppe, für die intensivere Behandlung in einer Klinik – entweder vollstationär oder tagesklinisch – sehr sinnvoll sein kann. Dies sollte nur erwogen werden, wenn alle anderen Methoden ausgeschöpft oder wenn begleitende, intensive Probleme vorliegen, die eine gesonderte klinische Behandlung erfordern.

6.4.3. Behandlung mit Medikamenten

Das Mittel der zweiten Wahl (nach dem Klingelgerät) ist eine Behandlung mit einem Medikament[50]. Es kann durchaus wichtige Gründe geben, darauf zurückzugreifen. Wir werden noch genau darauf eingehen.

Desmopressin (Minirin®)

Von den Medikamenten ist das Desmopressin (oder DDAVP; Handelsname Minirin) wegen den geringeren Nebenwirkungen als erstes zu empfehlen[50]. Es handelt sich dabei um ein Medikament, das dem antidiuretischen Hormon sehr ähnlich ist und zu einer Reduktion der Urinproduktion führt.

Desmopressin kann als Nasenspray oder als Tablette (jeweils nur abends) gegeben werden. Neuere Untersuchungen haben gezeigt, daß die Gabe als Nasenspray etwas wirksamer ist, weswegen diese Form der Verabreichung bevorzugt werden sollte. Falls ein Nasenspray nicht vertragen wird, ist die Tablettengabe durchaus eine sinnvolle Alternative.

Da Kinder unterschiedliche Mengen des Medikamentes benötigen, um trocken zu werden, muß zunächst die für das einzelne

Kind geringste notwendige Menge festgestellt werden. Über vier Wochen wird deshalb langsam die Menge gesteigert.

Dosierung des Desmopressin beim Spray

Beim Nasenspray gibt man in der ersten und zweiten Woche in jedes Nasenloch einen Hub (zwei Hübe insgesamt), falls das Kind darunter nicht trocken wird, wird es in der dritten Woche auf insgesamt drei Hübe erhöht, falls ebenfalls kein Erfolg eintritt, in der vierten Woche auf insgesamt vier Hübe. Ohne Erfolg sollte das Medikament nach vier Wochen abgesetzt, ansonsten in der kleinstmöglichen Menge weitergegeben werden. Es sollte nach spätestens drei Monaten abgesetzt werden, um zu sehen, ob es weiterhin notwendig ist. Es gibt Hinweise, daß es sinnvoll sein kann, mit dem Medikament langsam aufzuhören. Also sollte man es langsam «ausschleichen» und nicht von einem auf den nächsten Tag stoppen.

Dosierung des Desmopressin bei Tabletten

Falls man Tabletten nimmt, müssen diese ebenfalls ausdosiert werden. Man gibt in der ersten und zweiten Woche jeweils eine Tablette abends, falls kein Erfolg eintritt, in der dritten und vierten Woche zwei Tabletten abends. Ohne Erfolg sollten auch die Tabletten nach vier Wochen abgesetzt, ansonsten, wie das Spray, über zwei bis drei Monate gegeben werden.

Welche Nebenwirkungen hat Desmopressin?

Das Medikament Desmopressin wird gut vertragen[51]. Als seltene Nebenwirkungen gelten: Reizung der Nasenschleimhaut, Kopfschmerzen, Bauchschmerzen, Atemnot, Appetitstörungen, Sehstörungen, Geschmacksveränderungen, niedriger Blutdruck. Diese bilden sich rasch zurück. Es gibt nur eine ernste, extrem seltene Nebenwirkung, die insbesondere dann auftreten kann, wenn die Kinder sehr viel trinken oder vermehrte Medikamentenmengen einnehmen: Da das Medikament die Urinproduktion drosselt, kann der Urin nicht mehr ausgeschieden werden, Flüssigkeit verbleibt im Körper, führt zur Blutverdünnung mit schweren Folgen bis zur Bewußtlosigkeit und Krämpfen, Todesfälle sind noch nicht aufgetreten.

Obwohl Eltern über diese Nebenwirkung aufgeklärt werden müssen und die Medikamentengabe überwachen sollten, treten bei den allermeisten Kindern keinerlei Nebenwirkungen auf, so daß dieses Medikament als Mittel der zweiten Wahl bei der Behandlung des reinen nächtlichen Einnässens sich bei vielen Tausenden von Kindern weltweit etabliert hat.

Wirksamkeit des Desmopressin?

Das Medikament führt ebenfalls dazu, daß 70 Prozent der Kinder trocken werden oder die Einnäßhäufigkeit deutlich reduziert wird. Obwohl einige Kinder weiterhin trocken bleiben, kommt es bei den meisten nach dem Absetzen zu einem Rückfall. Einer zusammenfassenden Untersuchung zufolge (Tabelle 6) werden nur 46 Prozent initial trocken – und nur 22 Prozent bleiben auch langfristig von Einnässen verschont[43]. Die Wahrscheinlichkeit, 14 trockene Nächte zu erreichen, ist damit 4,5 fach erhöht (ein eindeutiger Effekt) – langfristig zeigte sich kein Unterschied zu nicht behandelten Kontrollen[44]. Auch war die Wahrscheinlichkeit, nach Desmopressin einen Rückfall zu erleben, neunmal höher als nach einer Behandlung mit einem Klingelgerät[44].

Von daher sind Medikamente immer als Mittel der zweiten Wahl zu sehen. Bei gezieltem, klar indiziertem Einsatz können sie eine enorme Wirkung und Erleichterung bedeuten. Aus der eigenen Erfahrung wird das Medikament Desmopressin (Minirin®) in folgenden Situationen mit Erfolg eingesetzt:

– Vor Schulausflügen und ähnlichen Gelegenheiten: Das Medikament sollte vorher ausgetestet werden, damit man weiß, ob es überhaupt wirkt und welche Dosierung erforderlich ist. Nach dem Ausflug kann es abgesetzt werden – es hat seine Wirkung getan, und die Kinder sind enorm dankbar, daß alles gut gegangen ist.

– Bei familiären Belastungen, die gegen ein Klingelgerät sprechen: Es kann für die Familie eine Erleichterung sein, wenigstens etwas für das Kind tun zu können.

– Wenn ein Kind noch nicht für das Klingelgerät genügend motiviert ist, treffen wir folgende Vereinbarung: Das Kind probiert das Medikament aus. Falls es allerdings nach dem Absetzen doch zu einem Rückfall kommt, wird vereinbart, daß es dann das Klingelgerät bekommt.

– In Kombination mit dem Klingelgerät wie oben beschrieben: Medikament Desmopressin sechs Wochen mit Klingelgerät, danach Medikament absetzen und Klingelgerät weiter einsetzen.

– Bei älteren Kindern und Jugendlichen, bei denen nichts anderes wirkt. Diese sind zum Teil so verzweifelt, daß wir in solchen Fällen das Medikament auch über ein bis drei Jahre eingesetzt haben. Dabei werden alle drei Monate Absetzversuche vorgenommen, um zu sehen, ob das Medikament weiter erforderlich ist. Es könnte ja auch sein, daß das Kind inzwischen trocken ist und man es nicht merkt. Auch ist – falls keine Nebenwirkungen direkt beobachtet werden – eine langfristige Behandlung nicht schädlich. Es gibt Menschen mit einem angeborenen Mangel an Antidiuretischem Hormon (Diabetes insipidus – nicht mit der Zuckerkrankheit zu verwechseln), die das Medikament lebenslang ohne Probleme einnehmen.

Antidepressiva

Als Mittel der ferneren Wahl, falls alle bisherigen Maßnahmen nicht ausreichen, kann ein weiteres Medikament, das Antidepressivum Imipramin (Handelsname Tofranil®) eingesetzt werden[50]. Es hat einen eindeutigen Effekt auf das Trockenwerden. So werden 40 Prozent der Kinder trocken. Nach dem Absetzen erleiden die meisten einen Rückfall, so daß 17 Prozent langfristig trocken bleiben[43].

Da jedoch zum Teil schwerwiegende Nebenwirkungen mit Herzrhythmusstörungen auftreten können, sollte es nur unter ärztlicher Überwachung gegeben werden. Dazu müssen Blutabnahmen und Herzuntersuchungen (EKG; vor Gabe des Medikamentes und während der Gabe) durchgeführt werden. Die Dosierung sollte möglichst niedrig begonnen und beibehalten werden (z. B. 10 bis 25 mg am Abend). Nur unter ärztlicher Anweisung und Überwachung sollte das Medikament erhöht werden, falls es erforderlich ist.

Oxybutinin (Dridase) – nur bei der Drangstörung

Dieses Medikament ist bei dem reinen Bettnässen wirkungslos und sollte dann nicht gegeben werden. Falls jedoch eine Drangstörung (ob mit Einnässen nachts und/oder tags) vorliegt, ist es sehr wirksam. Die Blase wird ruhiggestellt, kann mehr Urin fassen und die Drangsymptome nehmen ab. Die Nebenwirkungen sind selten, abhängig von der Höhe der Dosierung und bilden sich nach Reduktion oder Absetzen zurück. Sie umfassen: Mundtrockenheit, fleckige Hautrötung, Sehstörungen, Herzrasen, Müdigkeit, Übelkeit, Kopfschmerzen, Schwindelgefühl.

An unserer Klinik folgen wir bei der Drangstörung folgendem Behandlungsschema:

1. mindestens vier Wochen Verhaltenstherapie;
2. falls kein Erfolg, niedrige Dosierung mit 0,3 mg/kg Körpergewicht pro Tag in zwei bis drei Dosen (maximal 15 mg pro Tag);
3. falls kein Erfolg, maximal 0,6 mg/kg Körpergewicht pro Tag (maximal 15 mg pro Tag) unter Fortsetzung der Verhaltenstherapie.

Die Medikation kann zwei bis sechs Monate fortgesetzt werden, danach kann ein langsamer Absetzversuch durchgeführt werden.

Als Ergänzung zum Klingelgerät bei Drangsymptomen nachts, die man an einem häufigen Klingeln nachts merkt, reicht es, eine Dosierung abends vor dem Schlafengehen zu geben (z. B. einmal 5 mg abends). Auch bei diesem Medikament sollten alle Änderungen und Dosierungen immer mit dem Kinderarzt abgesprochen werden.

Ähnlich wie Dridase wirkt auch das Medikament Propiverdin (Mictonetten), das als Alternative verschrieben werden kann.

Andere Medikamente

Alle anderen Medikamente sind beim nächtlichen Einnässen unwirksam und sollten deshalb nicht eingenommen werden. Falls Ihr Kind andere Medikamente gegen das Bettnässen nimmt, sollte mit dem Kinderarzt Rücksprache gehalten werden, ob sie abgesetzt werden könnten.

6.4.4. Psychotherapie

Wie bisher ausführlich dargestellt, sollte das Bettnässen immer direkt behandelt werden. Dies reicht für die meisten Kinder völlig aus. Dennoch gibt es Kinder, bei denen andere Formen der Behandlung, wie der Psychotherapie, sinnvoll und notwendig sind.

Welche Formen der Psychotherapie gibt es?

Die Wahl der geeigneten Psychotherapie für ihr Kind – falls es notwendig ist – kann für Eltern sehr verwirrend sein. Die Situation hat sich in letzter Zeit eher verschärft, nachdem sich psychologische Psychotherapeuten niederlassen und Kinder und Jugendliche direkt behandeln können. Für Eltern ist nicht überschaubar, in welcher Intensität und Qualität Psychotherapeuten ausgebildet wurden. Zudem verfügen die meisten Psychotherapeuten nicht über die gesamte «Palette» von therapeutischen Möglichkeiten, d. h. ein(e) Verhaltenstherapeut(in) wird eher symptomorientiert arbeiten, d. h. die Problematik direkt behandeln, was bei vielen Problemen sinnvoll ist. Ein(e) analytische(r) Kinder- und Jugendlichentherapeut(in) wird – nach der Ausbildung gemäß – eher die unbewußten Probleme und Konflikte bearbeiten.

Unabhängig von der Richtung der Psychotherapie ist es entscheidend, daß Kinder und Jugendliche nur von Therapeuten behandelt werden, die für diese Altersgruppe speziell ausgebildet wurden. Die Psychotherapie für Erwachsene unterscheidet sich grundsätzlich von der von Kindern und kann nicht ordungsgemäß von einem Therapeuten durchgeführt werden, der für Erwachsene ausgebildet wurde.

Von daher scheint es am sinnvollsten zu sein, sich von seinem Kinderarzt oder einem Kinder- und Jugendpsychiater untersuchen, beraten und an eine(n) Therapeuten(in) weitervermitteln zu lassen. Wie schon mehrmals erwähnt, sollte jedes einnässende Kind sowieso ärztlich untersucht werden. Bei längerdauernden Problemen wie bei wiederholten Harnwegsinfekten ist eine kinderärztliche Behandlung sowieso notwendig – dann kann man die Frage der Psychotherapie gleich klären.

Zur groben Orientierung – ohne Anspruch auf Vollständigkeit – sollen hier die wichtigsten Aspekte der Psychotherapien des Kindes- und Jugendalters dargestellt werden:

Symptomorientierte Therapien:

- Diese zielen auf eine möglichst direkte Behandlung der Symptomatik und haben nicht das Ziel, grundlegende Konflikte und andere Aspekte der Persönlichkeit zu verändern.

- Die wichtigste symptomorientierte Therapieform ist die *Verhaltenstherapie* mit dem Ziel, ein sichtbares Verhalten direkt zu beeinflussen. Dazu werden verschiedene Techniken angewandt, die möglichst über die Verstärkung von erwünschtem Verhalten arbeiten. Eltern sind meistens intensiv beteiligt und führen die Therapie unter Anleitung durch. Typisch für die Verhaltenstherapie sind z. B. die verschiedenen Arbeitsblätter, Kalender und Pläne (mit und ohne Belohnungen), die in der Behandlung des Einnässens eingesetzt werden. Den Einsatz von Belohnern nennt man positive Verstärkung. Manchmal ist jedoch auch eine Verminderung von nicht-erwünschtem Verhalten durch Konsequenzen, die unmittelbar nicht übermäßig angenehm sind, notwendig (negative Verstärkung). Beispiele hierfür finden sich z. B. in dem bereits erwähnten *Dry Bed Training*, einem aufwendigen verhaltenstherapeutischen Programm für Kinder, die nicht ausreichend auf das Klingelgerät ansprechen. Die Verhaltenstherapie ist nicht nur Mittel der Wahl für das Bettnässen, sondern auch für viele andere Störungen, wie Störungen des Sozialverhaltens und für das Hyperkinetische Syndrom («ADS»).

- Die Verhaltenstherapie wird häufig kombiniert mit sogenannten *Kognitiven Therapien*. Hierbei soll nicht das Verhalten direkt verändert werden, sondern die Denkmuster und Vorstellungen, die zu einem Verhalten führen. Kinder, die sich nicht vorstellen können, daß es eine Blase gibt und welche Aufgaben sie erfüllt, werden kaum in der Lage sein, die Notwendigkeit eines Trainings, z. B. bei einer Drangstörung, zu verstehen. Hier ist es notwendig zu erfahren, welche Vorstel- **163** lungen (Kognitionen) die Kinder haben und ihnen andere, sinnvollere Kognitionen zu vermitteln. Kognitive Therapien sind auch für andere Problembereiche, wie z. B. depressive Störungen, sehr wirksam.

– Zu den Verhaltenstherapien zählt auch die *apparative Verhaltenstherapie* (AVT), d. h. die Behandlung mit dem Klingelgerät.

– Ferner können unterschieden werden: *Entspannungsmethoden,* bei denen verschiedene Entspannungstechniken angewandt werden; *Übungsmethoden,* bei denen ein erwünschtes Verhalten direkt eingeübt wird; und *Biofeedback-Methoden,* bei denen autonome, physiologische Signale meist akustisch oder visuell «rückgekoppelt» werden und dadurch wahrgenommen und verarbeitet werden können.

Andere Formen von Psychotherapien:
Diese Formen haben das Ziel, eine weitergehende Veränderung des Verhaltens und der Persönlichkeit zu erreichen, als nur das Symptom zu beeinflussen. Sie sind langwieriger und zeitaufwendiger. Sie sind bei den meisten Kindern mit Bettnässen nicht angezeigt und weniger wirksam als die symptomorientierten Therapien.

Wenn jedoch eine ausgeprägte emotionale Störung vorliegt, d. h. deutliche Hinweise auf einen unbewältigten Konflikt, der zu Trauer, Angst, Kontaktproblemen usw. führt, dann sind sie unbedingt angezeigt, da sich solche Grundprobleme nicht durch die Verhaltenstherapie alleine bewältigen lassen. Obwohl (bis auf die Familientherapie) das Kind selbst behandelt wird, begleiten Elterngespräche in regelmäßigen Abständen die gesamte Therapie.

– Hier anzuführen sind die *Klientenzentrierte Gesprächs- und Spieltherapie* (nach Rogers und Axline), bei der bewußte Gefühle und Verhalten weniger interpretiert, sondern zurückgespiegelt werden. Diese wirksamen Therapien sind bei leichteren Störungen angezeigt.

– Bei den *tiefenpsychologischen (psychoanalytischen) Gesprächs- und Spieltherapien* werden auch unbewußte Zusammenhänge gedeutet. Sie sind langwieriger und intensiver und daher eher

bei schwereren Störungen notwendig, bei denen auch unbewußte Zusammenhänge bearbeitet werden müssen.

– Dagegen haben *Familientherapien* ihren Schwerpunkt auf der
Interaktion innerhalb der Familie. Grob ausgedrückt, spielen
die einzelnen Personen mit ihrer eigenen Problematik eine
geringere Rolle als der innerfamiliäre Austausch und Umgang
miteinander.

Durchführungsarten der Psychotherapie:

– Psychotherapien können grundsätzlich als *Einzeltherapie* des
Kindes oder als eine *Gruppentherapie* mit mehreren Kindern
durchgeführt werden.

– Bei Kindern mit Bettnässen (und zusätzlichen Begleitproble-
men) reichen *ambulante* Psychotherapien mit ein bis zwei
Stunden pro Woche völlig aus. *Tagesklinische* Behandlungen,
bei denen Kinder tags in einer Klinik behandelt werden, aber
abends und am Wochenende zu Hause sind, eignen sich für
mittelschwere Probleme – und, auf ein bis zwei Wochen befri-
stet, für spezielle Trainingsprogramme wie Biofeedback. *Voll-
stationäre* Therapien, bei denen die Kinder auch nachts in der
Klinik bleiben, sind für Kinder mit Einnässen nur in den aller-
seltensten Fällen notwendig. Es müssen dazu schwere psychische Begleitprobleme vorliegen – oder die Notwendigkeit, ein
aufwendiges Training wie das *Dry Bed Training* durchzuführen.

– Nach dem Alter und Entwicklungsstand können Psychotherapien überwiegend über das Medium der Sprache als *Gesprächs-
psychotherapie* (Jugendliche) oder über ein nicht-sprachliches
Medium wie das Spiel durchgeführt werden (*Spieltherapien*
überwiegend bei Kindern).

Dagegen sind *Kuren* für das Bettnässen alleine nicht angezeigt. Vier
Wochen am Meer oder in den Bergen mag einen allgemeinen Er-
holungswert für das Kind (und eine Entlastung für die Eltern) bedeuten, mehr aber nicht. Die Zeit und der Aufwand sind viel besser
eingesetzt, wenn eine der wirksamen Behandlungen im häuslichen
Rahmen – oder wenn in Ausnahmefällen notwendig – in einer spe-
zialisierten Klinik durchgeführt werden.

Anders sind die oben beschriebenen «Feriencamps» für einnässende Kinder und Jugendliche, bei denen intensive Trainings unter ärztlicher, pflegerischer und therapeutischer Anleitung durchgeführt werden. Diese werden in anderen europäischen Ländern mit viel Erfolg für diejenigen angeboten, die bisher auf die üblichen Behandlungen nicht angesprochen haben.

Da Psychotherapien zeitintensiv und aufwendig sind, sollten sie, um es abschließend zu sagen, nur bei entsprechender Notwendigkeit durchgeführt werden. Bei Kindern mit Bettnässen sind ambulante Psychotherapien, wenn eine entsprechende Begleitproblematik vorliegt, der ideale Behandlungsmodus, da die Kinder sowohl im schulischen wie auch häuslichen Umfeld verbleiben. Voraussetzung ist Motivation und Kooperationsbereitschaft von Kindern und Eltern. Sie werden üblicherweise mit einer Frequenz von ein- bis zweimal pro Woche über einen Zeitraum von ein bis zwei Jahren durchgeführt. Bei gravierenden Störungen ist die Intensität nicht ausreichend.

Zum Abschluß soll noch das Fallbeispiel eines 12jährigen Jungen mit einem nächtlichen Einnässen erwähnt werden, das die verschiedenen Aspekte einer Behandlung anschaulich darstellt. Bei der Therapie handelt sich um eine tiefenpsychologische Behandlungsform, die von Dora Kalff auf der Grundlage der analytischen Psychologie C.G. Jungs begründet wurde: die Sandspieltherapie.

Es wird mit zwei kleinen Sandkästen auf Tischhöhe gearbeitet. Einer ist gefüllt mit trockenem, rieselndem Sand und einer mit feuchtem Sand, mit dem geformt und gebaut werden kann. Der Boden und die Seitenwände der Kästen sind blau gestrichen, so daß durch das Beiseiteschieben des Sandes Wasser dargestellt werden kann. In diesen leeren Kästen werden Kinder (und Erwachsene) ohne inhaltliche Vorgabe aufgefordert, aus einer Auswahl von Hunderten von Miniaturfiguren aus allen Bereichen des Lebens ein Bild aufbauen. Die Figuren umfassen Menschen, Tiere, Häuser, Transportfahrzeuge, Pflanzen, Steine, religiöse Symbole in so großer Auswahl, daß das Kind seine «inneren» Bilder wiederfinden und im Kasten ausdrücken kann.

Beispiel 17:

Primäres isoliertes Bettnässen, Hyperkinetisches Syndrom mit Störung von Antrieb und Aufmerksamkeit; emotionale Problematik mit schulischem Leistungsversagen

Tobias, ein 12jähriger Junge, wird wegen eines nächtlichen Einnässens vorgestellt. Er war noch nie trocken gewesen, schläft tief und näßt jede Nacht große Mengen ein. Sonst finden sich keine Auffälligkeiten, dennoch war die Blase schon einmal geröntgt worden. Die Mutter hat ihn geweckt, ihm weniger zu trinken gegeben und eine Windel angezogen. Spezielle Behandlungen sind bisher noch nicht ausprobiert worden.

Tobias besucht die siebte Klasse des Gymnasiums, seine schulischen Leistungen sind mangelhaft. Er ist sehr verspielt, träumt während des Unterrichtes, ist leicht abgelenkt und zappelig. Vor allem in den Sprachen zeige er Probleme, heißt es. Die Mutter ist weitgehend alleinerziehend, da der Vater beruflich oft abwesend ist.

Alle körperlichen Untersuchungen sind völlig unauffällig – auch das 24-Stunden Miktionsprotokoll. Im Kontakt wirkt er meistens sehr unruhig, fahrig und zappelig. In der psychologischen Untersuchung zeigt er sogar eine überdurchschnittliche Intelligenz. Eine Lese-Rechtschreibstörung, die vermutet wurde, kann ausgeschlossen werden.

Die Behandlung ist mehrgleisig. Zunächst wird das nächtliche Einnässen mit einem Klingelgerät behandelt. Er wählt ein Bettgerät, wie es meistens ältere Kinder und Jugendliche tun. Als es in der ersten Nacht sogar zweimal klingelte, ist er sehr wütend. In der fünften Nacht wacht er zum erstenmal selbst auf und geht zur Toilette. Ab der 15. Nacht näßt er nicht mehr ein, sondern wacht statt dessen jede Nacht einmal auf und entleert seine Blase, entwickelte also eine sogenannte Nykturie als Behandlungerfolg.

Die Schulleistungsprobleme lassen sich demnach weder durch einen Intelligenzmangel noch durch eine Teilleistungsschwäche erklären. Faulheit ist es auch nicht, obwohl er wegen der inzwischen angehäuften Defizite einmal pro Woche Nachhilfe erhält.

Ein Problem ist die fehlende Aufmerksamkeit und Unruhe. Es wird deshalb nur für die Schulzeit und für die Hausaufgaben das

Medikament Methylphenidat (Ritalin) in einer Dosierung von zweimal 10–20 mg verschrieben. Tobias kann selber berichten, daß er sich sehr viel besser konzentrieren und besser bei der Sache bleiben könne. Er empfindet es als unbedingten Vorteil, vor allem während der Klassenarbeiten, und besteht darauf, daß es auch weiter verschrieben werde.

Trotz deutlicher Veränderungen zeigt er weiter schulbezogene Leistungsprobleme und wirkt – die Pubertät steht bevor – ausgesprochen kindlich und verspielt. Es wird in den Gesprächen deutlich, daß die gesamte Verantwortung für Kinderbetreuung und Erziehung bei der Mutter liegt. Der Vater ist über Wochen abwesend und arbeitet auch weiter, wenn er einmal zu Hause ist. Es wird wegen dieser emotionalen Problematik (keine Störung) eine Spieltherapie begonnen.

Es sollte nur eine Kurztherapie von 20 Stunden notwendig sein. Dabei zeigt sich in der therapeutischen Beziehung deutlich seine auf den Vater bezogene Problematik und die Ablösungs- und Selbständigkeitskonflikte der Pubertät. Im Prinzip muß um jede Stunde gerungen werden. Er fragt danach, ob sie wirklich notwendig wäre, ob er nicht früher gehen könne. Er läßt Stunden ausfallen, die er zufällig vergessen habe. Es ist eine intensive Auseinandersetzung mit seinem «Widerstand», wie es in der Fachsprache genannt wird, notwendig.

Wenn er allerdings da ist, macht Tobias in jeder der Stunden ein Sandbild und kann so auf spielerischer Ebene Dinge zeigen und bearbeiten, die mit Worten kaum möglich gewesen wären. Wie viele präpubertären Kinder ist er bei Fragen zu seinem Befinden sehr kurz angebunden, antwortet nur das Allernotwendigste auf Fragen, die ihm offensichtlich lästig erscheinen. Als Gespräch wäre also eine Psychotherapie niemals möglich gewesen.

Die Therapie verläuft in verschiedenen Phasen. Zunächst macht er Bilder mit einer Vielzahl von Tieren, die insgesamt als Ausdruck von Trieben, Instinkten und dem Animalischen allgemein gedeutet werden können. Diese Aspekte kommen in seinem Alltag zu kurz und gehören zu den typischen Pubertätsthemen wie die erwachende Sexualität. Da das Thema für ihn zu bedrohlich wirkt, baut er als nächstes mit beeindruckendem ästhetischem Gefühl alte Tempel-

städte und Ruinen auf. Es folgt eine lange Phase, in der er mit Holz-
bausteinen nach dem Muster von «Dominoday», das gerade im Fernsehen läuft, lange und komplizierte Dominostein-Muster aufbaut –
um sie am Ende umfallen zu lassen. Symbolisch geht es hierbei um
Aufbau und Zerstörung – um die Auseinandersetzung mit der väter-
lichen Autorität. Zum Abschluß werden die Elemente des Anfangs
mit denen des Verlaufes integriert: Tiere, Tempelstädte, Dominos
und Umfallen.

Zur gleichen Zeit zeigt sich eine deutliche Änderung in seinem
Verhalten und Wohlbefinden. Er wirkt offener, reifer, wacher – mit
einer deutlichen Besserung der schulischen Leistungen. Das Ritalin
wird nach etwa einem Jahr abgesetzt.

In diesem Verlauf zeigt sich sehr gut, daß die verschiedenen
Probleme – jeweils nach entsprechender Untersuchung – separat
behandelt wurden. Die Spieltherapie wurde weder wegen des Einnässens (das schon nach zwei Wochen aufhörte) noch wegen der Auf-
merksamkeitsprobleme durchgeführt – sondern wegen seiner (eher
leichteren) emotionalen Problematik, seiner Auseinandersetzung
mit seinen Eltern. Deshalb waren auch nur 20 Stunden völlig ausreichend. Eine über Jahre sich hinziehende Therapie wäre nicht notwendig gewesen.

7. Schlußbemerkung

Das nächtliche Einnässen gehört zu den häufigsten Störungen des Kindesalters, das mit einem hohen Leidensdruck für Kinder und Eltern behaftet ist. In diesem Buch sollte verdeutlicht werden, daß es für die meisten Kinder einfache, effektive Behandlungsmöglichkeiten gibt. Noch immer werden viel zu wenige Kinder, die von einer solchen Behandlung profitieren könnten, tatsächlich nach diesen Richtlinien behandelt. Es wäre zu wünschen, daß dieses Buch zur Enttabuisierung des Themas beitragen und einer größeren Zahl von Kindern und Familien zu einer für sie optimalen Behandlung verhelfen kann.

Anmerkungen

1. Remschmidt, H., Schmidt, M.H. (Hrsg.): Multiaxiales Klassifikationsschema für psychische Störungen des Kindes- und Jugendalters nach ICD-10 der WHO. Bern, Verlag Hans Huber, 1994

2. American Psychiatric Association: Diagnostic and statistical manual of mental disorders (DSM-IV). Washington, D.C., 1994

3. Butler, R.J.: Nocturnal enuresis: Psychological perspectives. Wright, Bristol, 1987

4. Butler, R.J.: Nocturnal enuresis – the child's experience. Oxford, Butterworth-Heinemann, 1994

5. Shelov, S.P., Gundy, I., Weiss, J.C., Mc Intire, M.S., Olness, K., Staub, H.P., Jones, D.J., Haque, M., Ellerstein, N.S., Heagarty, M.C., Starfield, B. (1981) Enuresis: a contrast of attitudes of parents and physicians. Pediatrics 67: 707–710

6. Largo, R.H.; Molinari, L.; von Siebenthal, K.; Wolfensberger, U.: Does a profound change in toilet training affect development of bowel and bladder control? Developmental Medicine and Child Neurology 38, 1106–1116, 1996

7. Largo, R., Gianciaruso, M., Prader, A.: Die Entwicklung der Darm- und Blasenkontrolle von der Geburt bis zum 18. Lebensjahr. Schweizer medizinische Wochenschrift 108, 155–160, 1978

8. Bloom, D.A., Seeley, W.W., Ritchey, M.L., McGuire, E.J.: Toilet habits and continence in children: an opportunity sampling in search of normal parameters. Journal of Urology 149, 1087–1090, 1993

9. Taubman B., Buzby M.: Overflow encopresis and stool toileting refusal during toilet training: a prospective study on the effect of therapeutic efficacy. Journal of Pediatrics 1997; 131: 768 – 71

10. Wolfish, N.M., Pivik, R.T. & Busby, K.A.: Elevated sleep arousal thresholds in enuretic boys: clinical implications. Acta Paediatrica 1997; 86: 381–384.

11. Rittig, S.; Knudsen, U.B.; Norgaard, J.P.; Pedersen, E.B.; Djurhuus, J.C.: Abnormal diurnal rhythm of plasma vasopressin and urinary output in patients with enuresis. American Journal of Physiology 25, 664–671, 1989

12. von Gontard, A.: Einnässen im Kindesalter: Erscheinungsformen – Diagnostik – Therapie. Thieme Verlag, Stuttgart, 2001

13. Benninga, M.A.; Buller, H.A.; Heymans, H.S.; Tygat, G.N.; Taminian, J.A.: Is encopresis always the result of constipation? Archives of Disease in Childhood 71, 186–193, 1994

14. Levine, M.D.: Encopresis, in: Levine, M.D.; Carey, W.B.; Crocker, A.C. (eds). Developmental – Behavioral Pediatrics (2.ed.). Philadelphia, Saunders, 389–397, 1991

15. Partin, J.C.; Hamill, S.K.; Fischel, J.E.; Partin, J.S.: Painful defecation and fecal soiling in children. Pediatrics 89, 1007–1009, 1992

16. Van der Plas R. N., Benninga M. A., Taminiau J. A., Büller H. A.: Treatment of defecation problems in children: the role of education, demystification and toilet training. European Journal of Pediatrics 156, 689–692, 1997

17. Loening-Baucke V.: Urinary incontinence and urinary tract infection and their resolution with treatment of chronic constipation of childhood. Pediatrics 1997; 100: 228 – 32

18. von Gontard, A.: Enuresis, Enkopresis. In: Herpertz-Dahlmann, Resch, Schulte-Markwort, Warnke: Lehrbuch der Entwicklungspsychiatrie. Stg., Schattauer, 2001

19. Hublin, C., Kaprio, J., Partinen, M., Koskenvuo, M.: Nocturnal enuresis in a nationwide twin cohort. Sleep 21, 579–585, 1998

20. Herzog, A.R., Fultz, N.: Epidemiology of urinary incontinence: prevalence, incidence, and correlates in community populations. Journal or Urology, supplement 36, 2–10, 1990

21. Kuh D., Cardozo L., Hardy R.: Urinary incontinence in middle aged women: Childhood enuresis and other lifetime risk factors in a British Prospective cohort. Journal of Epidemiology and Community Health 1999; 53: 453–58

22. Bakwin, H.: The genetics of enuresis, in Kolvin, I; Mac Keith, R.C.I., S.R. (eds Bladder control an enuresis). London, William Heinemann Medical Books, 73–77, 1973

23. Fergusson, D.M.; Horwood, L.J.; Shannon, F.T.: Factors related to the age of attainment of nocturnal bladder control. Pediatrics 78, 884–890, 1986

24. Norgaard, J.P.; Djurhuus, J.C.; Watanabe, H.; Stenberg, A.; Lettgen, B.: Experience and current status of research into the pathophysiology of nocturnal enuresis. British Journal of Urology 79, 825–835, 1997

25. Watanabe, H.: Sleep patterns in children with nocturnal enuresis. Scandinavian Journal of Urology and Nephrology Suppl. 173, pp 55- 57, 1995

26. Vestergaard, P., Rasmussen, P.V., Kirk, J., Rittig, S. & Djurhuus, J.C. (1995). Fluid-provoked enuresis-like episodes in healthy children. Scandinavian Journal of Urology and Nephrology, Suppl. 173, 63–64.

27. Moffat, E.K.M.; Kato, C.; Pless, I.B.: Improvements in self-concept after treatment of nocturnal enuresis: randomized controlled trial. Journal of Pediatrics 110, 647–652, 1987

28. Hägglöf, B; Andren, O.; Bergström, E.; Marklund, L.; Wendelius, M.: Self-esteem before and after treatment in children with nocturnal enuresis and urinary incontinence. Scandinavian Journal of Urology and Nephrology, 31, Suppl. 183, 79–82, 1996

29. von Gontard, A.: Enuresis im Kindesalter – psychiatrische, somatische und molekulargenetische Zusammenhänge. Habilitation, 1995

30. Järvelin, M.R., Moilanen, I., Vikeväinen-Tervonen, L., Huttunen, N.-P.: Life changes and protective capacities in enuretic and non-enuretic children. Journal of Child Psychology and Psychiatry 31, 763–774, 1990

31. Shaffer, D.: Enuresis. in: Rutter, M.; Taylor, E.; Hersov, L. (eds) Child and Adolescent Psychiatry – modern approaches (3. ed.) Oxford: Blackwell Scientific Publications, 505–519, 1994

32. Feehan, M., Mc Gee, R., Stanton, W., Silva, P.A. (1990) A 6 year follow-up of childhood enuresis: prevalence in adolescence and consequences for mental health. Journal of Paediatric Child Health 26: 75–79

33. de Graaf, M.J.M.: 40 years of being treated for nocturnal enuresis. Lancet 340, 957, 1992

34. Howald, S.: George Orwell. Reinbek, Rowohlt Taschenbuch Verlag, 1997

35. Orwell, G. (1989) Such, such were the joys – Die Freuden der Kindheit, Deutscher Taschenbuch Verlag, München, 1989

36. Höller, H.: Thomas Bernhard. Reinbek, Rowohlt Taschenbuch Verlag, 2000

37. Bernhard, T.: Ein Kind. München, Deutscher Taschenbuch Verlag, 1990

38. Foxman, B.; Valdez, B.; Brook, R.H.: Childhood enuresis: prevalence, perceived impact, and prescribed treatment. Pediatrics 77, 482–487, 1986

39. Haque, M.; Ellerstein, N.S.; Gundy, J.H.; Shelov, S.P.; Weiss, J.C.; Mc Intire, M.S.; Olness, K.N.; Jones, D.J.; Heagarty, M.C.; Starfield, B.H.: Parental Perceptions of Enuresis. American Journal of Disease in Children 135, 809–811, 1981

40. Sonnenschein, M.: Kindliche und Elterliche Einschätzung der Enuresis – ein empirischer Vergleich, unter Berücksichtigung der Subtypen. Promotion, Universität zu Köln, 2001

41. Haug-Schnabel, G.: Enuresis-Diagnose, Beratung und Behandlung bei kindlichem Einnässen. München/Basel, Ernst Reinhardt Verlag, 1994

42. Chon, A.: Family Relations Test bei enuretischen Kindern. Promotion, Universität zu Köln, 2001

43. Houts, A.C.; Berman, J.S.; Abramson, H.: Effectiveness of psychological and pharmacological treatments for nocturnal enuresis. Journal of Consulting and Clinical Psychology 62, 737–745, 1994

44. Lister-Sharp, D., O'Meara, S., Bradley, M., Sheldon, T.A.: A systematic review of the efectivness of interventions for managing childhood nocturnal enuresis. York: NHS Centre for Reviews and Dissemination, University of York, 1997

45. Mowrer, O.H.: Enuresis: the beginning work – what really happened. Journal of the history of the behavioral sciences 16, 25–30, 1980

46. Longstaffe, S., Moffat, M., Whalen, J.: Behavioral and self-concept changes after six months of enuresis treatment: a randomized, controlled trial. Pediatrics 105, 935–940, 2000

47. van Londen, A.; van Londen-Barensten, M.; van Son, M.; Mulder, G.: Arousal training for children suffering from nocturnal enuresis: a 2 1/2 year follow-up. Behavior Research and Therapy 31, 613–615, 1993

48. Morgan, R. T. T.: Relapse and therapeutic response in the conditioning treatment of enuresis: a review of recent findings on intermittent reinforcement, overlearning and Stimlus intensity. Behavior Research and Therapy 16, 273–279, 1978

49. Azrin, N. H.; Sneed, T. J.; Foxx, R. M.: Dry-bed training: rapid elimination of childhood enuresis. Behaviour Research and Therapy 12, 147–156, 1974

50. von Gontard, A.; Lehmkuhl, G.: Pharmakotherapie der Enuresis. Zeitschrift für Kinder- und Jugendpsychiatrie 24, 18–33, 1996

51. Hjälmas, K.; Bengtsson, B.: Efficacy, safety and dosing of desmopressin for nocturnal enuresis in Europe. Clinical Pediatrics, special edition, 19–27, 1993

Deutschsprachige Literatur

von Gontard, A.: Einnässen im Kindesalter: Erscheinungsformen – Diagnostik – Therapie. Stuttgart, Thieme Verlag, 2001

von Gontard, A.: Störungen der Ausscheidung: Enkopresis und Enuresis. In: Steinhausen, H.-C. (Hrsg.): Entwicklungsstörungen. Stuttgart, Kohlhammer, 2001

Haug-Schnabel, G.: Enuresis-Diagnose, Beratung und Behandlung bei kindlichem Einnässen. München/Basel, Ernst Reinhardt Verlag, 1994

Olbing, H.: Enuresis und Harninkontinenz bei Kindern. München, Hans Marseille Verlag, 1993

Anhang

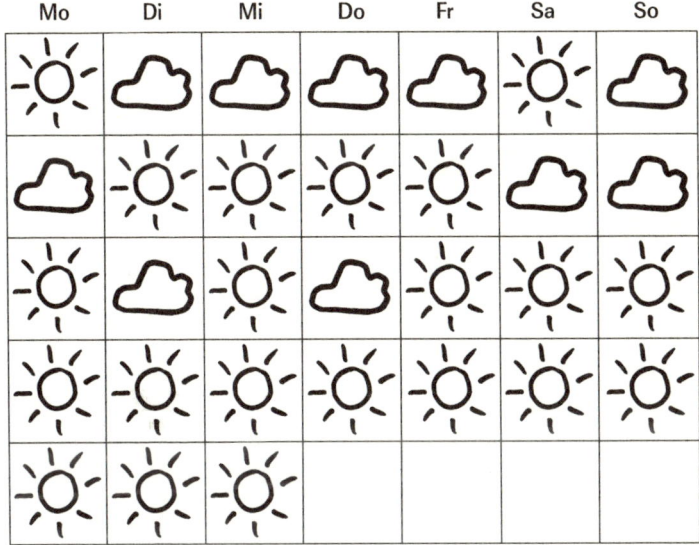

| Mo | Di | Mi | Do | Fr | Sa | So |

Drangstörung: Fähnchenplan

Aufgabe: Beim Merken von Harndrang auf die Toilette gehen

(nur wahrnehmen – nicht zurückhalten)

Mo	P	P	P	P	🩲	🩲	P	P	P	P	P	P	🩲	P
Di	P	🩲	P	P	P	P	P	🩲	P	P	P	P	P	
Mi	P	P	P	P	P	P	P	🩲	P	P	P	P	P	
Do	P	P	P	P	P	P	P	P	P	P	P	P		
Fr	P	P	P	P	P	P	P	P	🩲	P	P	P		
Sa	P	P	P	P	P	P	P	P	🩲	P	P			
So	P	P	P	P	P	P	P	P	P	P				

P = trocken auf Toilette

🩲 = nasse Hose

mit der Zeit: weniger häufig zur Toilette, seltener naß

Einkoten

	Mo	Di	Mi	Do	Fr	Sa	So
	X			X			
Morgens							
	T	T	T	T	T	T	T
	U	U/S	U	U	U	U/S	U/S
Mittags			K	K			
	T	T	T	T	T	T	T
	U/S	U	U/S	U/S	U/S	U/S	U/S
Abends	K		K				
	T	T	T	T	T	T	T
	S	U/S	U/S	U	U/S	U/S	U/S

Einkoten: K Stuhl/Urin abgesetzt: S/U

Toilettengang (5–15 Minuten): T Einläufe: X

Aufschubstörung: mindestens 7mal am Tag auf Toilette;
Abstände nicht länger als 2–3 Stunden

	1	2	3	4	5	6	7	
Mo	●	●	●	X●	●	●	●	● ●
Di	●	●	●	●	X●	X●	●	
Mi	●	●	●	●	X	●		
Do	●	●	●	●	●	●	●	●
Fr	●	●	●	●	●	●	●	
Sa	●	●	●	●	●			
So	●	●	●	●	●	●		

mein Zeichen für Toilettengang: ●

mein Zeichen für naß: X

Dieser Plan gehört:

_____

Mein Zeichen für

„nass" [ ]

Mein Zeichen für

„trocken" [ ]

Wochentag	1	2	3	4	5	6	7
Montag							
Dienstag							
Mittwoch							
Donnerstag							
Freitag							
Samstag							
Sonntag							

ENURESIS – PROTOKOLL FÜR NACHTS

Name, Vorname des Patienten: _____ geb. am: _____ Station: _____

DATUM	Montag	Dienstag	Mittwoch	Donnerstag	Freitag	Samstag	Sonntag
NACHTS:							
Patient trocken (O)							
Patient naß (+)							
Menge: k = klein							
m = mittel							
g = groß							
Anschließender Toilettengang:							
Urin (~)							
Stuhl (I)							

DATUM	Montag	Dienstag	Mittwoch	Donnerstag	Freitag	Samstag	Sonntag
NACHTS:							
Patient trocken (O)							
Patient naß (+)							
Menge: k = klein							
m = mittel							
g = groß							
Anschließender Toilettengang:							
Urin (~)							
Stuhl (I)							

DATUM	Montag	Dienstag	Mittwoch	Donnerstag	Freitag	Samstag	Sonntag
NACHTS:							
Patient trocken (O)							
Patient naß (+)							
Menge: k = klein							
m = mittel							
g = groß							
Anschließender Toilettengang:							
Urin (~)							
Stuhl (I)							

DATUM	Montag	Dienstag	Mittwoch	Donnerstag	Freitag	Samstag	Sonntag
NACHTS:							
Patient trocken (O)							
Patient naß (+)							
Menge: k = klein							
m = mittel							
g = groß							
Anschließender Toilettengang:							
Urin (~)							
Stuhl (I)							

ENURESIS- / ENKOPRESIS- PROTOKOLL

Name, Vorname des Patienten: _____   geb. am: _____   Station: _____

DATUM	Montag	Dienstag	Mittwoch	Donnerstag	Freitag	Samstag	Sonntag
NACHTS:							
Patient trocken (O)							
Patient naß (+)							
Menge: k = klein m = mittel g = groß							
Anschließender Toilettengang:							
Urin (~)							
Stuhl (I)							
MORGENS:							
Patient geschickt (+)							
Patient ging selbst (I)							
Hose: sauber (O) naß (□)							
beschmiert (△) eingekotet (X)							
Toilettengang:							
Urin (~)							
Stuhl (I)							
MITTAGS:							
Patient geschickt (+)							
Patient ging selbst (I)							
Hose: sauber (O) naß (□)							
beschmiert (△) eingekotet (X)							
Toilettengang:							
Urin (~)							
Stuhl (I)							
ABENDS:							
Patient geschickt (+)							
Patient ging selbst (I)							
Hose: sauber (O) naß (□)							
beschmiert (△) eingekotet (X)							
Toilettengang:							
Urin (~)							
Stuhl (I)							

ENKOPRESIS- PROTOKOLL

Name, Vorname des Patienten: _____ geb. am: _____ Station: _____

DATUM	Montag	Dienstag	Mittwoch	Donnerstag	Freitag	Samstag	Sonntag
MORGENS:							
Patient geschickt (→)							
Patient ging selbst (!)							
Hose: sauber (O) naß (□)							
beschmiert (△) eingekotet (X)							
Toilettengang:							
Urin (~)							
Stuhl (!)							
MITTAGS:							
Patient geschickt (→)							
Patient ging selbst (!)							
Hose: sauber (O) naß (□)							
beschmiert (△) eingekotet (X)							
Toilettengang:							
Urin (~)							
Stuhl (!)							
ABENDS:							
Patient geschickt (→)							
Patient ging selbst (!)							
Hose: sauber (O) naß (□)							
beschmiert (△) eingekotet (X)							
Toilettengang:							
Urin (~)							
Stuhl (!)							

B E O B A C H T U N G S B O G E N

(Enuresis nocturna)
apparative Konditionierung nach Butlert 1988

Name: _____ Vorname: _____ Geb.-Datum: _____

wenn trocken			falls eingenässt						
Datum / Tag	trocken	aufgewacht und zur Toilette gegangen ohne Klingeln	Zeit des Klingelns	Kind aufgewacht Ja / Nein		Einnässmenge F = Fühler naß H = Hose naß B = Bett naß		auf Toilette Urin gelassen Ja / Nein	

24-Stunden-Protokoll über
Toilettengang und Einnässen

Um Ihr Kind richtig betreuen zu können, sind wir auf Ihre Beobachtung angewiesen.

Bitte notieren Sie an einem Tag, an dem Ihr Kind nicht zur Schule oder in den Kindergarten geht, jedes Wasserlassen sowie jedes Einnässen.

Dies sollte in dem Zeitraum vom ersten Wasserlassen morgens bis zum nächsten Tag, möglichst bis zum Abend, festgehalten werden.

Bitte sprechen Sie am Tag vorher mit Ihrem Kind darüber. Es soll Ihnen jedesmal Bescheid sagen, wenn es zur Toilette muß. Es sollte dann in ein Meßgefäß oder in ein Töpfchen Wasserlassen. Sie brauchen den Urin nicht aufzubewahren.

In dieser Zeit sollte Ihr Kind nur nach Harndrang zur Toilette gehen, also nicht von Ihnen zum Toilettengang angehalten werden.

Notieren Sie dann bitte in dem umseitigen Protokollbogen Uhrzeit und Urinmenge. Wenn das Kind eingenäßt hat, auch wenn die Hose nur feucht ist, kreuzen Sie dieses an.

Unter «Drangsymptomatik» machen Sie ein Kreuz, wenn das Kind bei plötzlichem Harndrang die Beine zusammenpreßte, in die Hocke ging, zur Toilette rennen mußte und/oder dabei vorzeitig Urin ließ.

Auffälligkeiten beim Wasserlassen kreuzen Sie bitte in der Spalte «Pressen/Stottern» an. Achten Sie darauf, wie stark und kontinuierlich der Harnstrahl ist.

Die Urin- und Trinkmenge messen Sie bitte mit dem Meßbecher ab.

VIELEN DANK!

24-Stunden-Protokoll

Name: _____ Vorname: _____ Geb.-Datum: _____

Protokoll-Datum: _____

Uhr-zeit	Urin-menge	Drang-symptomatik	Stottern Pressen	Einnässen: feucht/nass	Trink-menge	Bemerkung

Anamnese-Fragebogen: Einnässen/Harninkontinenz

Name: _____   Vorname: _____

Alter: _____   Datum: _____

	Ja	Nein	?

Einnässen am Tag: ☐ ☐ ☐

War Ihr Kind tagsüber schon trocken? ☐ ☐ ☐

Wenn ja, wie lange und _____

in welchem Alter _____

Wird die Wäsche feucht? ☐ ☐ ☐

naß? ☐ ☐ ☐

Näßt es überwiegend nachmittags? ☐ ☐ ☐

verteilt über den Tag? ☐ ☐ ☐

abwechselnd feucht und naß? ☐ ☐ ☐

Am wievielen Tage

in der Woche näßt ihr Kind ein? _____

Wie oft am Tag näßt Ihr Kind ein? _____

Einnässen in der Nacht: ☐ ☐ ☐

War Ihr Kind nachts schon mal trocken? ☐ ☐ ☐

Wenn ja, wie lange und _____

in welchem Alter? _____

Ist das Bettzeug triefend naß? ☐ ☐ ☐

feucht? ☐ ☐ ☐

abwechselnd feucht und naß? ☐ ☐ ☐

Wird Ihr Kind nachts durch Harndrang wach? ☐ ☐ ☐

Wird Ihr Kind im nassen Bett wach? ☐ ☐ ☐

Ist Ihr Kind auffällig schwer erweckbar? ☐ ☐ ☐

Näßte jemand aus der Verwandtschaft lange ein? ☐ ☐ ☐

Wenn ja, wer? _____

In wie vielen Nächten

pro Woche näßt Ihr Kind ein? _____

	Ja	Nein	?

Toilettengang

Wie oft geht Ihr Kind spontan pro Tag
zum Wasserlassen? _____

Wenn Sie Ihr Kind längere Zeit bei sich haben
(Reisen, Einkaufen usw.), nach wieviel Stunden
muß es Wasserlassen? _____

Müssen Sie Ihr Kind häufiger zum Wasserlassen auffordern? ☐ ☐ ☐

Muß Ihr Kind während des Wasserlassens anhaltend pressen? ☐ ☐ ☐

Erfolgt das Wasserlassen mit Unterbrechungen? ☐ ☐ ☐

Ist der Harnstrahl kräftig? ☐ ☐ ☐

Haben Sie den Eindruck, daß sich Ihr Kind genügend
Zeit zum Wasserlassen nimmt? ☐ ☐ ☐

Verhalten beim Harndrang

Hat Ihr Kind plötzlich überstarken Harndrang? ☐ ☐ ☐

Muß bei Harndrang sofort die Toilette aufgesucht werden,
weil das Kind sonst einnäßt? ☐ ☐ ☐

Benutzt Ihr Kind Haltemanöver, um den Drang zurückzuhalten?
z.B. Herumhampeln, Beine zusammenpressen, Fersensitz? ☐ ☐ ☐

Schiebt Ihr Kind das Wasserlassen möglichst lange auf
und hat dann überstarken Harndrang? ☐ ☐ ☐
Wenn ja, in welchen Situationen? _____

Besonderheiten

Besteht ständiges Harnträufeln? ☐ ☐ ☐

Kommt es nach dem Gang auf die Toilette zum Harnverlust? ☐ ☐ ☐

Nimmt das Kind das Einnässen wahr? ☐ ☐ ☐

Harnwegsinfektionen

Hatte Ihr Kind schon einmal eine Harnwegsinfektion
(Blasen-, Nierenbeckenentzündung)? ☐ ☐ ☐
Wenn ja, wieviele? _____
           mit Fieber? _____

	Ja	Nein	?

Stuhlverhalten

	Ja	Nein	?
Neigt Ihr Kind zu Verstopfung?	☐	☐	☐
Kommt es bei Ihrem Kind zu unkontrolliertem Stuhlgang?	☐	☐	☐
Stuhlschmieren	☐	☐	☐
Einkoten	☐	☐	☐
Wenn ja, war Ihr Kind schon sauber?	☐	☐	☐

wie lange? _____

in welchem Alter? _____

An wievielen Tagen pro Woche kotet Ihr Kind ein? _____

In welchen Situationen? _____

Verhalten

	Ja	Nein	?
Falls Ihr Kind schon einmal trocken war, sehen Sie einen Zusammenhang mit einem bestimmten Auslöser für das erneute Einnässen?	☐	☐	☐

Welche(n)? _____

	Ja	Nein	?
Tritt das Einnässen mit Streß und Belastungssituationen häufiger auf?	☐	☐	☐

Welche? _____

		Ja	Nein	?
Ist Ihr Kind	leicht ablenkbar?	☐	☐	☐
	zappelig?	☐	☐	☐
Zeigt Ihr Kind	Konzentrationsschwierigkeiten?	☐	☐	☐
	unkontrolliertes, impulsives Verhalten?	☐	☐	☐
Reagiert Ihr Kind mit aggressivem, trotzigen, verweigernden Verhalten?		☐	☐	☐
Zeigt es Schwierigkeiten, Regeln einzuhalten?		☐	☐	☐
Schätzen Sie Ihr Kind als ängstlich ein (z.B. in bestimmten Situationen, bei besonderen Personen)?		☐	☐	☐
Ist Ihr Kind traurig, unglücklich, zieht es sich zurück, meidet es Kontakte?		☐	☐	☐
Hat Ihr Kind Schulleistungsprobleme?		☐	☐	☐
Ist die sprachliche und körperliche Entwicklung verzögert?		☐	☐	☐

Welche sonstigen Probleme

zeigt Ihr Kind? _____

	Ja	Nein	?
Leidet Ihr Kind sehr unter dem Einnässen?	☐	☐	☐
Ist Ihr Kind motiviert und zur Mitarbeit bereit?	☐	☐	☐

Notizen

Notizen